新媒体广告设计与制作

主 编　梁　洁　石军明

副主编　柏　钰　苏晋军

李德全　郭　鹏

北京理工大学出版社

BEIJING INSTITUTE OF TECHNOLOGY PRESS

内容提要

随着互联网和移动通信技术的快速发展，新媒体广告已成为企业宣传推广和品牌建设的重要手段。新媒体广告具有多样化的表现形式，其特征也为企业提供了更广阔的传播空间和更精准的目标受众。本书以行业应用为导向，以设计理论和项目实践相结合的方式，介绍了新媒体广告设计与制作的相关知识与操作技能。全书共包括9章，分别是初识新媒体广告、新媒体广告策划与投放、新媒体广告文案写作、新媒体广告的设计要素、新媒体广告创意、短视频广告设计与制作、电商广告设计与制作、H5广告设计与制作、微信广告设计与制作。每章后都设置项目实训和思考与练习题，帮助学生训练设计思维和实际操作能力，进而巩固新媒体广告设计中的关键知识。

本书适合作为高等院校、职业院校广告设计类专业的教学用书，也可作为新媒体广告从业人员业务进修的参考书。

图书在版编目（CIP）数据

新媒体广告设计与制作 / 梁洁，石军明主编.--北京：北京理工大学出版社，2024.4

ISBN 978-7-5763-3944-4

Ⅰ.①新… Ⅱ.①梁… ②石… Ⅲ.①广告设计

Ⅳ.①F713.81

中国国家版本馆CIP数据核字（2024）第092312号

责任编辑：陈莉华　　　　　文案编辑：李海燕
责任校对：周瑞红　　　　　责任印制：王美丽

出版发行 / 北京理工大学出版社有限责任公司
社　　址 / 北京市丰台区四合庄路6号
邮　　编 / 100070
电　　话 / (010) 68914026（教材售后服务热线）
　　　　　 (010) 68944437（课件资源服务热线）
网　　址 / http://www.bitpress.com.cn
版 印 次 / 2024年4月第1版第1次印刷
印　　刷 / 河北鑫彩博图印刷有限公司
开　　本 / 889 mm×1194 mm　1/16
印　　张 / 9.5
字　　数 / 265千字
定　　价 / 89.00元

前言 PREFACE ⊙

习近平总书记在党的二十大报告中提出"实施科教兴国战略，强化现代化建设人才支撑"，突出强调"统筹职业教育、高等教育、继续教育协同创新，推进职普融通、产教融合、科教融汇，优化职业教育类型定位"，为深化现代职业教育体系建设、增强职业教育适应性指明了方向。职业教育肩负着培养高素质技术技能人才、能工巧匠、大国工匠的重要使命，推进职普融通、产教融合、科教融汇既是优化职业教育类型定位的重要抓手，更是推动现代职业教育高质量发展的必由之路。本书以党的二十大精神为指导，结合《国家"十四五"期间人才发展规划》的要求，以培养高素质综合职业技能人才为根本目的，旨在打造符合职业教育改革理念、内容简明实用、形式新颖独特、理论实践一体化的引领式职业教材，更好地为职业教育服务。

本书以行业应用为出发点，对当今新媒体时代广告设计方法进行了系统的阐述与讲解。在结构上，根据职业教育特点进行科学编排，内容设计具有整体性和逻辑性，模块设置合理，配套资源丰富，满足弹性教学、分层教学等需要；在形式上，按照现代教学标准，呈现音视频、图像、文本等多媒体教学内容，可听、可视、可练、可互动，支持资源的动态更新，可供教师和学生对内容进行自主选择和组合，适应在线学习和混合式学习；在内容上，根据行业发展新动向体现企业真实工作过程、工艺流程和技术规范要求，符合学生的年龄特点和认知规律，注重培养学生的核心素养和岗位胜任能力。

本书包括9章，第1章对新媒体广告的基础概念进行讲解；第2章对新媒体广告策划与投放等知识进行讲解；第3章对新媒体广告文案写作知识进行讲解；第4章对新媒体广告的图像、文字、色彩和版式等设计要素进行讲解；第5章对新媒体广告的创意表现进行讲解；第6～9章分别对短视频广告、电商广告、H5广告、微信广告等新媒体广告应用平台的设计与制作方法进行讲解。

本书具有以下特色。

1. 立德树人、思政育人

本书落实立德树人根本任务，通过精心的内容选择与教学环节编排，实现课程本身思政元素的提取，达到课程思政育人"润物无声"的效果。任务引领教学，培养学生分析问题、解决问题的综合能力；围绕广告设计岗位，深入阐释职业精神、工匠精神；教材资源弘扬中华优秀传统文化、实训项目引导学生树立本土化设计意识，坚定文化自信。

2. 校企合作、协同育人

本书吸收行业企业高水平技术人员参与编写，紧跟广告设计行业发展趋势和人才需求，将新知识、新技术、新工艺、新规范纳入教材，为学生指明职业发展方向，充分体现校企协同育人理念。

3. 强化应用、注重技能

本书基于高等院校学生认知水平，以学生为主体，理论知识以"必需、够用、适度"为原则，通过实践训练将知识内化为技能、能力和职业素养，体现"做中学、学中做"的教育理念。

4. 形态新颖、资源丰富

纸质教材与数字教材一体化设计，配套资源丰富，包括微课视频、PPT、教学大纲、教案、习题答案，可随时检索、下载，辅助教师开展教学活动，适应学生自主学习。

本书由晋城职业技术学院梁洁、晋城合为集团图文公司石军明担任主编，由晋城职业技术学院柏钰、苏晋军、李德全、郭鹏担任副主编。

由于编者水平有限，书中难免存在不足之处，欢迎广大读者批评指正。

编　者

配套资源包

目录 CONTENTS

CHAPTER ONE ··· ◉

第1章 初识新媒体广告

学习引导

学习目标	知识目标	（1）了解新媒体的概念、类型及传播特点； （2）了解新媒体广告的设计流程； （3）掌握新媒体广告思维方式
	能力目标	（1）能够制定新媒体广告工作流程； （2）能够运用新媒体设计思维分析电商广告； （3）能够运用新媒体设计思维规划网店页面布局
	素质目标	（1）激发学习兴趣，训练良好的设计思维； （2）促进养成注重细节、精益求精的学习习惯
实训项目		运用新媒体设计思维分析网店主图页面； 规划网店页面布局

章前导读

　　随着5G时代的到来，广告的内涵和形式也随之不断发生变化，传统广告已经满足不了现代消费的需求。作为互联网思维下产生的新型传播方式，新媒体广告以全新的方式改变着人们获取信息和交流沟通的习惯。众多企业和品牌商家都在利用新媒体平台来塑造和提升自己的品牌形象，新媒体广告已逐渐成为广告行业的新焦点，并因其独特的流量和用户基础，使越来越多的企业和广告从业者从中获益。

1.1 新媒体广告概述

　　随着多媒体及网络技术的发展和移动智能终端设备的普及，新媒体作为一种新兴的媒介，打破了媒介之间的壁垒，使媒介、地域、创作者与消费者之间的边界变得越来越模糊，使广告宣传变得更加方便、快捷，并以其独特的形式和极强的渗透力赢得了广泛关注。

微课：新媒体广告
概述

1.1.1 新媒体广告的含义

1. 新媒体的界定

新媒体是利用数字技术，通过计算机网络、无线通信网、卫星等渠道，以及计算机、手机、数字电视等终端，向用户提供信息和服务的传播形态。从空间上来看，新媒体特指当下与传统媒体相对应，以数字压缩和无线网络技术为支撑，利用其大容量、实时性和交互性，可以跨越地理界线，最终得以实现全球化的媒体。

广义的新媒体包括两类：一是基于技术进步引起的媒体形态的变革，尤其是基于无线通信技术和网络技术而出现的媒体形态，如数字电视、交互式网络电视（Internet Protocol Television, IPTV）、手机终端等；二是随着人们生活方式的转变，以前已经存在，现在才被应用于信息传播的载体，如楼宇电视、车载电视等。狭义的新媒体即基于技术进步而产生的，以智能终端设备体现的新兴媒体。实际上，新媒体可以视为新技术的产物，数字化、多媒体、网络等技术均是新媒体出现的必备条件。新媒体诞生以后，媒介传播的形态就发生了翻天覆地的变化，诸如地铁阅读、写字楼大屏幕等，都是将传统媒体的传播内容移植到了全新的传播空间。这种变化包含以下技术元素：数字化的出现使大量的传统媒体加入新媒体的阵营，这一改变主要呈现为媒体的技术变革，不论是内容存储的数字化，还是传播形式的数字化，都大幅提升了媒介的传播效率；媒介形态也因新技术的诞生而呈现出多样化，网络电视、网络广播、电子阅读器等均将传统媒体的内容移植到了新的媒介平台上。

可以从以下四个层面来理解新媒体的概念。

（1）技术层面：利用数字技术、网络技术和移动通信技术的媒体。

（2）渠道层面：通过互联网、宽带局域网、无线通信网和卫星等渠道传播的媒体。

（3）终端层面：以电视、计算机和手机等作为主要输出终端的媒体。

（4）服务层面：向用户提供视频、音频、语音数据服务、连线游戏、远程教育等集成信息和娱乐服务的媒体。

2. 广告的定义

广告，顾名思义，就是广而告之，即向广大社会公众告知某件事物，这是对广告的一种广义的释义。从狭义上讲，广告是一种付费的宣传。

"广告"一词源于拉丁文"adverture"，其意为注意、诱导及传播，约公元 1300—1475 年逐渐演变为"advertise"，其含义衍化为"使某人注意到某件事"，或者"通知别人某件事，以引起他人的注意"。直到 17 世纪末，英国开始进行大规模的商业活动，"广告"一词被广泛使用。此时的"广告"已不单指一则广告，而是指一系列的广告活动。

2015 年新修订的《中华人民共和国广告法》中将广告定义为"商品经营者或者服务提供者通过一定媒介和形式直接或者间接地介绍自己所推销的商品或者服务的商业广告活动"。这里所定义的广告应为商业广告，也就是人们通常说的狭义的广告。

美国广告专家托马斯等在出版的《广告学》中给广告下了这样的定义："广告是一种有偿的、经由大众媒介的、目的在于劝服的企图。"这里对广告作了外延的定义，并且更广义地认为广告不只是商业广告，而是广告主经过各种媒体方式传达信息并影响或引导受众行为的所有的事物或活动。

随着市场经济的发展、科技的进步，以及传播手段的多样化，广告的定义、内涵和外延也在不断变化。

3. 新媒体广告的定义

新媒体的出现使广告传播的环境和规则被重新定义，新媒体与传统媒体最大的区别在于传播状态由一点对多点变为多点对多点。新媒体的传播模式是以大众传播、双向互动为基础的，它归纳符号的信息作用，区别信息的内容需求，发扬交互式或准交互式的双向传播优势，分门别类地对使用者按需定向传送。因此，在新媒体环境中，传播的通道不再是线性的，而是非线性的；传播的载体也不再是独立的，而是多元的。这时，广告作为一种传播的通道和载体，在新媒体环境中也必然会呈现出新的、有别于以往的内容和形式。这些新广告的出现对广告主而言意味着更多元、更立体的广告载体选择，对受众而言意味着更多样、更复杂的接受习惯。

近几年，随着新媒体的不断涌现，在传统的电视、广播、平面媒体、户外传媒等广告之外，新媒体广告正在冲击和分流着传统的广告市场，除了互联网这一新兴广告平台外，新媒体广告的种类和形式繁多。基于此，将新媒体广告定义为体现在以数字传输为基础、可实现信息及时互动、终端显现为网络连接的多媒体上，有利于广告主与目标受众信息沟通的品牌传播行为与形态。

1.1.2 新媒体广告的应用领域

随着互联网技术的发展，新媒体广告的应用领域不断扩大，在短视频、电子商务、社交媒体等领域有着广泛的应用。下面就几种常见的新媒体广告形式进行介绍。

1. 短视频媒体广告

短视频媒体广告是一种继文字、图片、传统视频广告之后新兴的互联网广告传播形式，它融合了文字、语音和视频，可以更加直观、立体地满足用户表达和沟通的需求，满足用户相互之间展示与分享信息的诉求，完整地传达品牌信息与广告诉求。短视频媒体广告的长度以"秒"计数，主要依托移动智能终端实现快速拍摄和美化编辑，可以在社交媒体平台实现实时分享，是一种新型的媒体传播渠道。

短视频媒体广告内容丰富，涵盖了社会热点、技能分享、幽默搞笑、时尚潮流、街头采访、公益教育、广告创意、商业定制等主题。目前，主流短视频媒体平台有抖音、快手、微视、哔哩哔哩等。图 1-1 所示为抖音、快手、微信视频中的营销广告。

图 1-1 短视频媒体广告

2. 电商媒体广告

电商媒体广告是指商品经营者或服务提供者，通过互联网或移动网络，在网站页面的广告位宣传商品或服务，并把受众购买行为引到承接页面完成交易与结算的一种广告形式。电商媒体广告的形式有开屏广告、插屏广告、信息流广告等。电商媒体广告依据互联网大数据平台与电商平台内部大数据，以及网络定向技术，可以根据产品特点和消费者行为进行精准投放，开展主动营销。目前常见的电商平台有天猫、京东、唯品会、拼多多等，如图 1-2 所示。

图 1-2 电商媒体广告

3. 社交媒体广告

社交媒体广告是指在社交媒体平台上展示的，包括文字、图片、视频等形式的广告。与传统广告形式相比，社交媒体广告不再是简单的广而告之，而是围绕消费者的情感认同展开。传统广告更多的是告诉受众品牌是什么样的，而社交媒体广告是让受众认为品牌是什么样的。通过个性化和人格化的建设，社交媒体广告运用计算科学对用户自我呈现内容和行为进行分析，寻找个性趋同和价值认同的目标消费人群。由于社交媒体广告具有较强的社交属性，更贴近消费者的价值观和生活方式，因此能够迅速建立消费者与品牌之间的情感联系，提升消费者的广告接受度。目前常见的社交媒体平台有微信、微博、小红书、今日头条、知乎等，如图 1-3 所示。

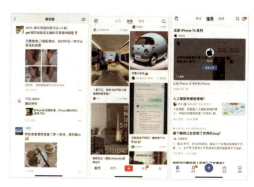

图 1-3 社交媒体广告

1.1.3 新媒体广告的特点

传统媒体广告受到时间、空间的限制，具有策划时间长、刊播排期紧、预算门槛高、传播范围窄、试错成本高、效果评估难等特点。新媒体广告从诞生之日起，就打破了地方性媒体广告与全国性媒体广告的界限，具有了全球性媒体的特征。同时，也打破了传统媒体在时空上的限制、受众群体的限制。新媒体广告呈现方式丰富多样，具有交互性、跨时空性、精准性、感官性和可追踪性的特点。

1. 交互性

交互性是新媒体广告最具代表性的特点，传统媒体广告的传播是单向的、线性的、广播式的，只能在特定时间内由信息的发布者向受众发布，受众只能被动接受信息，无法主动选择接受、拒绝接受或反馈自己的意见。新媒体打破了传统媒体对信息发布者与受众两个角色的限制，在新媒体环境下，没有纯粹的"听众""观众""读者""作者"，每个人既可以是信息的接受者，也可以是信息的传播者，信息的传播不再是单向的，而是双向的。以触动传媒为例，其最大的优势在于互动。消费者可以根据自身的需求与爱好触摸屏幕，选择信息，参与喜爱的活动，这种传播媒体的方式摆脱了广告的隐性弱点，由强制性的被动接受变为亲自体验和主动参与。触动传媒通过讲话、说故事、玩游戏的方式，让消费者习惯于从这个平台中获得时效、时尚、实惠的信息与知识，从而接受这样的一个信息平台成为其日常的一种生活方式。

2. 跨时空性

传统媒介（如报纸、杂志）具有很强的地域限制，这一点在现代信息时代变得更加明显。新媒体广告不受时空限制，传播范围极其广泛。互联网可以将全球 160 多个国家和地区的 1 亿多网民紧密联系起来，人们可以随时随地接触到广告信息。企业可以通过各种在线平台，如搜索引擎、社交媒体和电子邮件，24 小时不间断地将广告信息传播到世界各地。

3. 精准性

传统媒体广告面向大众投放，受众不明确，即使广告主有针对性很强的目标群体，也无法实现更为精准的投放，而在互联网上可通过权威、公正的访客流量统计系统，对受众进行基于地域（IP 地址识别）、阅读兴趣、点击习惯甚至上网时点更为精细的划分，精确统计出广告的受众数，以及这些受众查阅的时间和地域分布。客户群体清晰易辨，广告行为收益也能准确计量，有助于正确评估广告效果，制定广告投放策略，对广告目标也更有把握。

4. 感官性

新媒体广告通过运用各种先进技术，可以使消费者亲身体验产品、服务与品牌。这种以图、文、声、像的形式，传送多感官的信息，让消费者身临其境般感受商品或服务。以地铁隧道广告为例，其广告是集计算机技术、电子显示技术、通信技术、计算机图像工程学为一体的一种数字成像系统，它运用电影的原理，通过乘客的视觉暂留，借助隧道壁面安装的高性能的 LED，使在高速移动的地铁上的乘客看到一系列连续的彩色动画广告画面。这种新鲜的地铁隧道广告以其高稳定性、高清晰度、效果逼真的画面，达到吸引乘客注意力，提高广告受众对于广告信息传播的兴趣并强化商品记忆。

5. 可追踪性

传统媒体无法知晓何人、何时、在何地看过何种广告，新媒体平台则可以通过鼓励用户注册、使用 LBS 定位、Cookie 技术和实时互动等手段追踪、记录受众信息。这些信息对老客户留存、新品推销等营销策略具有十分重要的价值。

知识扩展

　　随着科技和社会的发展，广告行业也在不断创新和变革。数字化、移动化、视频化及对科技和可持续发展的应用成为广告行业的主要发展趋势。对于广告从业者来说，需要不断学习和适应新技术和新趋势，以满足市场和消费者的需求。

1.2　新媒体广告的设计流程

微课：新媒体广告
的设计流程

1.2.1　了解目标消费者的心理

新媒体广告设计的作用主体是消费者，因此，设计人员在进行视觉设计前有必要了解消费者的认知心理和需求心理，以更好地进行新媒体广告设计的信息呈现，提升消费者对所传达信息的感知力和自身的浏览体验。

1. 消费者的认知心理

认知是指个体通过形成概念、知觉、判断或想象等心理活动来获取知识的过程，是个体思维进行信息处理的心理能力，也是人类最基本的心理过程之一。在消费者层面，设计人员关注的认知主要集中在品牌认知上。当消费者在购买某一类型的商品时，会优先联想到具有良好口碑和使用体验的品牌商品。以家电品牌为例，当消费者需要购买一台电视机时，往往会优先考虑乐视、小米等品牌。因此，设计人员在进行广告设计时，应特别注意建立消费者对品牌的认知。设计人员首先需要将信息以综合化的形式呈现，即文字、图像、形状、人物、背景等互相结合的方式进行综合展示，以便消费者理解信息；其次，将品牌相关元素融入画面，如展示品牌标识、品牌代言人、品牌口号等具有标识性的内容，以加强消费者对品牌的印象，通过品牌元素来建立消费者的认知心理，形成完善的品牌形象。

2. 消费者的需求心理

根据马斯洛的需求层次理论，人类的需求可以分为生理需求、安全需求、社交需求、尊重需求和自我实现需求五个层次，这些需求从较低层次到较高层次依次向上排列。根据这一理论，我们可以将消费者对商品的需求划分为相应的五种需求，如图1-4所示。消费者的需求是多元化且多层次的，单个商品可能无法满足消费者的所有需求，因此在设计过程中，需要根据不同消费人群的需求，有针对性地对商品进行设计，以激发目标消费人群的共鸣。

图1-5所示为一款空气净化器的视觉设计效果。设计人员通过对消费者心理需求的分析，结合商品自身卖点，设计出吸引消费者的广告方案。

图1-4　消费者的需求心理　　　　　　　　图1-5　空气净化器商品页面

该商品页面对消费者心理需求的满足如下：

（1）商品的基本功能。通过图片展示了商品"医护级"标准，再通过直观的图形和文字来展示商品的净化空气、静音舒适、LDE彩灯等功能，让消费者看到页面中的内容可以快速了解商品的功能，满足消费者的生理需求。

（2）商品的卖点展示。用"国际检测合格证书"来获得消费者信赖，搭配图片和文字引导消费者进一步详细了解商品，如可视水位、360°旋转喷雾、缺水保护、一键拆装等具体使用功能，让消费者更直观地看到商品的使用性能和安全保障，满足安全需求。

（3）商品对消费者精神需求的满足。直观展示商品可以守护全家健康、营造温馨的家庭氛围，满足消费者的精神需求，产生美好、愉悦的居家感受。

（4）品牌形象与消费者自我实现需求相吻合。品牌形象所代表的初心、梦想、自我等含义与目标消费者自我实现需求相吻合。

1.2.2　分析品牌并收集素材

品牌是企业信誉、品质、技术、服务等诸多方面的综合体现，成功的品牌战略意味着商品的竞争优势和强大的市场占有率，而利用好素材可以更好地体现品牌效果。

1. 分析品牌

品牌是指具有经济价值的无形资产，通过抽象、独特和易识别的心智概念来展现其差异性，以在人们的意识中占据一定位置。在分析品牌时，设计人员通常从品牌的诉求出发，即品牌精神和特点的凝练表达。良好的诉求不仅能够满足目标消费人群的需求，还能够在消费者心中留下深刻印象，形成良好传播，并增加品牌在行业和消费者心中的影响力。

图 1-6 展示了"恰恰"品牌某款商品海报设计。该商品的诉求主要包括"美味、时尚、健康",因此设计人员在进行设计时以网店页面的"高品质、高颜值、高体验"等特点为基础。页面设计不仅展现了精致的视觉感受,还将商品的美味和高品质进行了视觉呈现,满足了消费者视觉和味蕾的需求。同时,这样的设计也有利于让消费者对该品牌产生深刻印象,有利于品牌的传播。

2. 收集素材

品牌分析完成后,设计人员就可以开始有针对性地收集素材,获取设计所需要的元素。这些素材主要包括商品、文案、人物、空间背景、装饰元素等,其来源途径主要有以下几种。

图 1-6　满足消费者心理需求的海报设计

（1）运营商或品牌方。设计人员可以从运营商或品牌方那里获得设计需要的基础的素材,即甲方提供的设计需求文档。其中包括对设计的要求、需要达到的效果,涉及的文案、商品图片等资料,设计人员可以提取需要的资料进行修改完善。

（2）素材网站收集。网络上有很多提供设计素材的网站,如图片网站、字体网站等,可以按照领域或类别进行素材的收集,如平面、电商、装饰、网页、插画、影视等。

（3）素材制作。在设计过程中,为了制作出贴合需求、效果突出的作品,设计人员还要根据实际情况自行完成一些素材的制作,如图标、创意字体等。

（知识扩展）

在设计不同运营商或品牌方的作品时,需要结合运营商或品牌方的要求和目标消费人群的需求来综合设计,切忌以个人风格为主导,从而忽略品牌方与消费者的需求。

1.2.3　明确设计定位

设计最终是为商品销售和品牌推广服务的,因此设计人员在了解消费者心理和分析品牌后可梳理整体思路,定位设计的方向。

1. 以营销为目的的需求

广告设计的首要目的是营销,其设计需求主要是营造营销氛围,帮助运营商或品牌方进行商品销售。因此对于这类设计,建议通过对比强烈的色彩来制造视觉焦点,在视觉焦点处放置关键性的促销信息,再辅以商品图片或其他素材点缀画面,使画面视觉平衡。

2. 以品牌宣传为主的需求

对于具有一定知名度的品牌来说,品牌影响力就是其最大的竞争优势,因此设计人员要注意突出品牌优势,重点展示品牌标识、品牌口号等,展现品牌形象的元素。同时,为了维护消费者对品牌形象的认知,设计人员应展示以商品品质、加工工艺、使用功能为主的内容。

1.2.4　页面布局

　　页面布局是指对画面的整体框架进行构建，规划页面中每部分内容的呈现方式，使页面整体呈现出层次清晰、信息明确的视觉效果，更好地引导消费者浏览信息。在进行布局时，设计人员首先要明确画面中的主体部分，即画面中占据面积较大的、比较显眼的内容，让消费者能够识别出页面所要传达的主要信息，并同时与次要部分产生对比，凸显主体部分的重要程度。在此基础上，对页面中的所有内容进行规划，形成秩序、条理、逻辑的整体页面风格，保证页面的有序和易读性。切忌为了展示内容而过多堆砌，使页面内容杂乱无章，主次不明。

　　例如，在进行促销活动页面布局时，首先，要考虑以热销款商品为主体来吸引消费者的眼球，其次，以促销力度和优惠信息来激发消费者的购买欲。以"华为粉丝日"促销活动为例，海报按照左右构图方式进行视觉规划，引导消费者视觉焦点自左向右由商品转移到文字信息上，页面布局平衡，符合视觉习惯，如图 1-7 所示。

图 1-7　左右布局页面的海报设计

1.2.5　发布和推广

　　在完成设计制作之后，需要将广告作品发布到各个新媒体平台上，并进行相应的推广工作。在发布和推广过程中，需要根据平台的特点和规则进行调整，以确保广告能够得到最好的传播效果。同时，还需要关注受众的反馈和互动情况，及时进行调整和优化，以提高广告的传播效果和转化率。

1.3　新媒体广告思维

　　新媒体广告思维主要包括设计思维、创新思维和营销思维三部分。其中，设计思维是为创新思维和营销思维服务的，只有充分理解三者的关系，才能明确广告设计的最终目的。

1.3.1　设计思维

　　设计思维是在具备基本设计技能的基础上，要求设计人员充分理解市场环境和目标消费人群定位，选择一个切入点来进行设计的概念设想，然后围绕该设想，通过思维导图、设计图或物理原型

微课：新媒体广告思维

等方式，将抽象的思维想法具象化，以设计出易于消费者理解，打动消费者的视觉场景画面；否则，就会出现视觉产出与诉求不匹配的情况，导致信息传递产生断层，让消费者理解错误。因此，可以简单地将设计思维理解为通过对消费者需求、商品诉求等方面的理解与研究，寻求最佳的设计方案，创作出最具视觉冲击力的设计作品。

1.3.2 创新思维

创新思维是指以非传统的方式进行思考和解决问题的能力。在新媒体广告领域，创新思维对于广告从业者来说至关重要。通过创新思维，设计人员能够找到与目标受众紧密相关的话题和内容，创造与新媒体平台特点相适应的广告形式，发现未被挖掘的市场机会。同时，通过创新实践，如故事化广告、互动式广告、营销合作和数据驱动的广告优化，设计人员能够提高广告的传播效果和商业价值。只有不断创新和实践，新媒体广告作品才能在激烈的市场竞争中脱颖而出，取得成功。

1.3.3 营销思维

新媒体广告营销是利用互联网、移动互联网、社交媒体等新兴媒体平台进行产品推广和营销的一种方式。相比传统广告形式，新媒体广告具有互动性强、传播速度快、覆盖面广等特点。

新媒体广告的特点决定了设计人员在进行广告营销时需要具备新的思维方式。传统的广告营销思维注重单向传播，设计人员通过广告向用户灌输产品信息，强调产品的优势和特点。在新媒体广告营销中，设计人员需要更加注重用户体验，关注用户的需求和反馈，通过互动和个性化的方式与用户进行沟通。另外，新媒体广告营销也需要注重内容营销，通过优质的内容吸引用户关注，提升品牌的知名度和美誉度。

> **知识扩展**
>
> 在新媒体广告中，设计人员需要树立"用户至上"的理念，将用户放在设计的核心位置，了解用户的需求和喜好，为用户提供有价值的内容和服务。同时，设计人员还需要注重数据分析，通过对用户行为数据的分析，了解用户的兴趣爱好和行为习惯，为广告定位和营销策略提供依据。

1.4 新媒体广告设计人员的基本素质要求

学好新媒体广告设计不仅需要培养审美能力和创意能力，还需要掌握专业软件的操作技能，具备一定的文字功底，能够写出打动人心的营销文案。

1.4.1 审美能力

审美能力可以体现设计人员对美的理解与运用，并用视觉效果来说服目标消费者，因此要想学好新媒体广告设计，设计人员就要增强审美意识，培养良好的审美能力，做到能够准确表达目标

微课：新媒体广告设计人员的基本素质要求

消费者想要的美感，形成独特的审美风格。对于初级设计人员而言，要多观摩、借鉴优秀的设计案例，倾听和挖掘目标消费者的需求。

1.4.2　创造能力

创造能力是开展思维活动，产生新的认识，并创造新事物的能力。对于设计人员来说，创造力是一种核心能力，需要设计人员了解最新的行业发展状况，超越常规思维模式，具备创造性思维和创新能力。将创造力融入设计可以更好地帮助设计人员呈现作品。

1.4.3　软件操作能力

新媒体广告设计涵盖多个设计领域，如平面设计、UI 设计、动效设计等，涉及的应用软件较多，常用的有四种。

1. Adobe Creative Suite

Adobe Creative Suite 是一套多媒体设计软件，包括 Photoshop、Illustrator、InDesign、After Effects、Premiere Pro 等常用软件。这些软件可应用于平面设计、图标设计、品牌设计、视频制作等多个领域，而且它们的使用非常普及，在设计领域中被广泛使用，如图 1-8 所示。

图 1-8　Adobe Creative Suite 软件

2. Sketch

Sketch 是 Mac 平台上的一种矢量图形编辑工具，被广泛应用于 UI 和 Web 设计。Sketch 不仅支持开发人员和设计师之间的协作，而且拥有直观的用户界面及各种实用功能和插件，使它可以帮助设计师更加高效地完成设计工作，如图 1-9 所示。

图 1-9　新媒体广告设计软件

3. Figma

Figma 是一款基于云端的设计工具，适用于 UI 和 UX 设计，可以打破设计师之间的空间限制。Figma 可以实现多人协作，支持各种设计文件格式，集成了设计、原型设计和协作功能，方便团队共同完成一个项目。

4. Canva

Canva 是一款在线设计工具，也是广告设计师常用的软件之一。它提供了丰富的模板和素材库，使设计师可以快速制作出高质量的广告作品。Canva 的操作简单易学，即使没有设计背景的人也能够轻松上手。它还支持团队协作，设计师可以与客户或团队成员共享设计文件，进行实时编辑和反馈。

1.4.4 文案写作能力

新媒体广告需要用文案进行推广，达到品牌传播和商品营销的目的，设计人员要在对消费者和营销商品了解的基础上，具备优秀的文案写作能力，能撰写各种类型和不同的风格广告文案；对网络文化、网络特性、网民心理具有深刻的洞察力和敏锐的感知能力，有效地吸引消费者的注意力并激发购买欲望。

项目实训

项目 1 运用新媒体设计思维分析网店主图页面

◎ 项目要求

本项目以"伽百利"网店主图设计为例进行分析，要求在基于对目标消费者深入了解的基础上，综合运用设计思维、营销思维分析页面。

◎ 项目目的

通过对该项目的分析，巩固消费者需求分析、新媒体广告设计思维等相关知识，并掌握设计思维分析的效果。

微课：运用新媒体设计
思维分析网店主图页面

◎ 项目分析

设计思维是进行广告设计的前提，只有同时具有设计思维和营销思维，并结合运营商或品牌方、目标消费群体的需求，才能有针对性地进行设计，制作出具有视觉吸引力的设计。"伽百利"是 1990 年创立于山东青岛的毛绒玩具品牌，该品牌的目标消费人群为女性和儿童。为了适应目标消费人群的需求，本项目在设计时选择了桃红色、蓝色、绿色等较活泼、明快的颜色作为海报的主色调。另外，在设计海报时添加了"双十一"促销活动文案，体现了新媒体广告的营销思维，如图 1-10 所示。

图 1-10 海报页面参考效果

◎ **项目思路**

项目思路

项目 2　规划网店页面布局

◎ **项目要求**

在进行视觉设计之前，对网店页面布局是必不可少的准备工作。为了更好地引导消费者接收信息，需要明确划分页面各部分的内容，并分清素材展示的主次。

本项目将对网店页面进行布局，按照信息的重要程度进行区域展示，并明确区分各部分的内容，以确保消费者能够快速、准确地获取所需信息。

◎ **项目目的**

网店页面的规划布局对于明确网店定位、展示网店的产品和服务以及提高网店的转化率具有重要意义。合理规划网店页面的内容和功能，可以更好地吸引潜在客户，提高客户体验，进而促进网店的销售和转化率。

◎ **项目分析**

按照项目要求对网店的页面进行布局，可先在网店首页设置品牌宣传区，展示网店品牌推广、新品发布、节庆促销等活动，也可用于展示企业文化、宣传品牌理念；在首页下方设置分类导航区展示网店不同类别的商品，并添加福利专区用以促进销售；中间区域设置产品展示区，用于展示网店主打产品和热销商品；最后设置售后服务区，解决消费者咨询产品、退换维修、配送服务等问题，如图 1-11 所示。

微课：规划网店页面布局

图 1-11　网店页面布局参考效果

◎ 项目思路

项目思路

思考与练习

（1）探讨新媒体广告未来的发展趋势。

（2）简述新媒体广告的类型和设计流程。

（3）从新媒体设计思维的角度分析图 1-12 所示茶具网店的页面布局。

图 1-12　分析茶具网店页面布局

第2章 新媒体广告策划与投放

学习引导

学习目标	知识目标	（1）了解新媒体广告策划流程； （2）了解新媒体广告投放平台； （3）掌握新媒体广告策划方案
	能力目标	（1）能够制订新媒体广告策划方案； （2）能够撰写新媒体广告策划文案
	素质目标	（1）培养严谨、细致的策划能力； （2）培养独立思考与写作能力； （3）培养良好的沟通、表达能力
实训项目		制订"农夫山泉"广告策划方案

章前导读

广告策划是整个广告活动的核心和灵魂，起着指导性和决定性的作用。新媒体广告需要预先精心策划，尽最大可能使广告能"准确、独特、及时、有效、经济"地传播信息，以刺激需求，引导消费，促进销售，开拓市场。

2.1 新媒体广告策划概述

广告策划是进行广告宣传活动的规划和设计过程，对于品牌形象塑造和营销目标达成具有十分重要的意义。

2.1.1 新媒体广告策划的概念

广告策划是现代商品经济的必然产物，是广告活动科学化、规范化的标志之一。新媒体广告策划是指利用互联网、移动设备和社交媒体等新兴媒体平台，通过精准地定位和创意策划，将广告信息传达给目标受众的一种营销手段。在新媒体广告策划中，重点在于深入了解受众的需求和行为习惯，灵活运用各种数字化工具和数据分析方法，从而实现广告效果的最大化。新媒体广告策划包括广告设计、广告投放、广告预算、广告监测等环节，总的来说，新媒体广告策划是应对为什么要做广告，广告的目标群体是谁，在什么时间、地点做广告，以什么样的方式做广告等核心问题提前作出周密的计划。

2.1.2　新媒体广告策划的作用

新媒体广告策划使广告调查、广告计划、广告制作、广告效果测定等各环节的广告活动成为有机统一的整体，是整体广告活动的核心和灵魂，起着不可缺少的指导和决定作用，具体体现为以下三个方面。

1. 广告策划使广告活动目标更加明确

任何一个广告策划方案，都需要有一个明确的目标，各项活动必须紧紧围绕着这个目标展开，才能有效地避免广告活动的盲目性。在竞争日趋激烈的广告行业，新媒体广告必须确立现实可行的目标，并以其指导广告策划的制定和执行，这样才能使广告效果更加明确。

2. 广告策划使广告活动效益更加显著

广告策划包括单项广告活动策划和整体广告活动策划。它衔接了企业的长远利益与短期计划，使短期策划的效果具有前后延续性，使长期策划的效果更具生命力。科学客观的广告策划能够全面、通盘地组织广告活动，根据产品所处的不同的生命周期采用不同的广告策略，能有效地避免广告费用的重复支出和浪费，提高广告收益，使广告策划对企业起到事半功倍的作用。

3. 广告策划使广告活动更具竞争力

广告策划的基础是市场调研和分析，通过深入的市场调研和 SWOT 分析，企业能够客观、全面地了解自身的内外部环境及竞争对手情况。在充分了解市场情况的基础上，制定具有针对性的策略，以优势为主、短板为辅的方式，使企业在竞争中处于有利地位。同时，对广告策划后期的效果进行评估，能够客观地评价策划活动的实际效果，为下一轮广告策划提供调整和借鉴的依据，实现从被动到主动的转变。只有具备了这种竞争优势，企业和产品才能在激烈的市场竞争中脱颖而出，吸引消费者，占领市场份额，实现理想的广告效果。

2.1.3　新媒体广告策划的原则

广告策划的运作有自身的客观规律，在进行新媒体广告策划时，需遵循以下原则。

1. 一致性原则

一致性原则要求在广告策划过程中，从整体协调的角度考虑问题，揭示广告活动的特征和规律，要求广告内容、形式和传播渠道要服从统一的营销目标和广告目标，传递统一的品牌形象和宣传信息，同时，广告与品牌的核心理念和价值观应保持一致，以建立消费者对品牌的信任和认同；缺乏一致性原则的广告策划无法进行全面规划和统筹兼顾，也就失去了存在的意义。

2. 调适性原则

客观事物的发展是不断变化的，在市场环境的影响下，产品的状况也会随之改变。广告策划作为营销策略的一部分，需要不断调整以适应市场的变化。在新媒体环境下，广告的受众群体也在不断变化，这使设计人员需要面对更加复杂多变的营销环境。为了保持与市场环境和现实情况同步，设计人员必须确保广告策划具有调适性，能够及时根据环境的变化进行调整，使广告策略更加符合市场需求，实现更好的营销效果。

3. 有效性原则

有效性原则是广告策划的重要准则，它要求广告策划具备可衡量、可预测和可控制的特点，以确保广告效果的最大化。首先，可衡量是指广告策划的效果可以通过一些量化指标来衡量，如曝光量、点击率、转化率等。这些指标可以让我们了解广告策划的实际效果，从而更好地调整和优化广告策略。其次，可预测是指广告策划的效果可以通过历史数据和趋势进行预测。通过对数据的分析和挖掘，可以预测广告策划的未来效果，从而提前采取相应的措施来提高广告效果。最后，可控制是指广告策划的效果可以通过一些可控的因素来调整和优化。例如，我们可以调整广告投放的时间、频率、位置等因素，以更好地满足目标受众的需求，提高广告效果。

4. 可操作性原则

广告策划的科学性主要体现在广告策划的可操作性上。新媒体广告策划的流程、广告策划的内容有严格的规定性，每一步骤、每一环节都是可操作的。经过策划，要在具体执行广告计划之前，就能按科学的程序对广告效果进行事前预测。广告计划执行以后，广告活动是否达到了预期效果，可按照广告策划的流程进行回溯。

5. 针对性原则

新媒体的特性使大众参与和多次传播成为可能，因此流量在广告效果中扮演着重要的角色。然而，流量仅仅是实现营销的手段，而非最终目的。策划人员应该摒弃追求广告全面覆盖的观念，尽量将广告直接、直观地展示给目标受众，有效提高转化率，从而达到更好的营销效果。

> **知识扩展**
>
> 新媒体广告策划的五个原则并不是孤立存在的，它们相互依赖、相互补充，在广告策划过程中缺一不可。

2.2　新媒体广告策划流程

新媒体广告策划是在对市场和广告受众情况进行充分了解和准确判断上作出的理性决策。因此要制作出优秀的新媒体广告策划，需要熟悉广告的策划流程，为广告的最终决策提供科学、必要的依据。

微课：新媒体广告策划流程

2.2.1　市场分析

市场分析是做好新媒体广告策划的基础，精准、明确的分析结果对广告策划有着重要的参考和指导作用。策划人员应该充分了解市场分析的重要性。市场分析主要包括市场环境分析、商品分析和消费者分析三个方面。

1. 市场环境分析

市场作为商品营销的领域，扮演着促进企业和品牌进行商业互利互惠行为的角色。企业的生存和经营取决于与市场的互动，而市场环境对商品销售产生影响，因此在进行新媒体广告策划时，策划人员必须考虑市场因素，对市场环境进行分析。市场环境的分析通常需要从政治、经济、法律、科技和社会文化五个方面入手。

（1）政治环境分析。对国家的政策与方针、国家对市场的干预程度以及国内外政治形势等进行细致剖析，旨在确保广告能够避免涉及政治敏感信息，并通过有关部门的审查获得批准。

（2）经济环境分析。对社会经济条件和运营状况（包括整体经济态势、经济发展前景、国民收入、原材料价格、人力费用、产业结构、交通运输、资源分布等因素的情况）进行分析。这些因素会对广告执行、广告效果和广告反馈产生影响，是对广告影响最为直接的环境因素。

（3）法律环境分析。针对与企业生产经营有关的法律法规、行政条例等进行分析，以确保广告合法依规，避免法律风险。其中，《中华人民共和国广告法》对广告的影响最为深远。

（4）科技环境分析。对商品和广告相关的科学技术的发展和普及状况进行深入分析，新的科学技术常常会促进商品的升级和行业的进步。在广告中恰当地运用新技术可以塑造广告的独特之处，吸引消费者的关注，从而取得更好的广告效果。

（5）社会文化环境分析。分析广告商品所处环境的文化特征、文化禁忌等，使广告及广告商品能够与社会文化相融合，并且能够避免广告及广告商品在扩展其市场空间时，与新开拓的活动环境的文化规则相冲突。

2. 商品分析

商品分析是通过对商品的不同情况进行调查和研究，来确定该商品是否能够被市场接受。商品分析的主要方法是针对商品的某一特性，调查和研究具有相似特性的类似商品的市场表现，为商品的广告策划提供参考。商品分析通常从材质、工艺、质量、外形、性能、生产周期、服务等方面入手。对于设计人员来说，商品分析应该尽可能详细，多方面综合分析。同时需要注意，不同商品的分析重点不同，最终的广告效果也会有所差异。图 2-1 所示为侧重展示功效的广告。图 2-2 所示为展示促销折扣的广告。

图 2-1　侧重展示功效的广告　　　　　　图 2-2　展示促销折扣的广告

3. 消费者分析

在新媒体环境中，消费者扮演着十分重要的角色，他们不仅是广告的受众，还是信息传播的推动者，同时能够参与广告的互动。因此，策划人员需要特别重视对消费者的分析。通过对消费者的个人基本信息、社交动态、消费记录、关注列表、浏览记录等信息进行分析，可以揭示出该消费者的行为喜好。

消费者的行为喜好往往受到兴趣爱好、价值取向、消费心理和社会角色等多种因素的影响。因此，对消费者进行分析时需要关注四个方面的内容。

（1）消费者兴趣爱好分析。对于消费者所关注的话题、喜好的风格以及当前流行的元素进行分析，同时探讨哪种广告能够引起消费者的兴趣，使其愿意点击查看并最终购买商品或服务，甚至向其他消费者进行推荐。图 2-3 所示为 2023 年主流媒体消费兴趣排名。

序号	电商	微博	小红书	抖音	B站	知乎
1	家用电器	美食	美妆护肤	萌宠	游戏类型	当代艺术
2	手机通信	个性风格	时尚穿搭	民族音乐	游戏设备	游戏类型
3	美妆个护	游戏设备	书画	日常分享	衍生内容	球类运动
4	服饰配件	美妆护肤	日常分享	美食	动漫	网文/轻小说
5	食品饮料	当代艺术	模型/玩具	健身	乐器	游戏设备
6	运动户外	美发	手工手作	美妆护肤	萌宠	戏剧艺术
7	图书音像	嘻哈文化	当代艺术	户外运动	模型/玩具	动漫
8	医药保健	萌宠	游戏设备	园艺植物	球类运动	户外运动
9	文化娱乐	日常分享	个性风格	舞蹈	嘻哈文化	数码科技
10	百货	乐器	美食	家居	书画	生活态度
11	电脑办公	游戏类型	健身	生活态度	个性风格	个性风格
12	母婴用品	动漫	萌宠	传统运动	街头运动	乐器
13	鞋靴箱包	园艺植物	旅游	个性风格	戏剧艺术	萌宠
14	3C数码	模型/玩具	动漫	游戏类型	当代艺术	健身
15	水果生鲜	戏剧艺术	公益	游戏设备	数码科技	嘻哈文化
16	生活服务	小众音乐	游戏类型	乐器	舞蹈	衍生内容
17	鲜花宠物	书画	街头运动	衍生内容	汽车运动	传统运动
18	礼品	健身	美发	美发	小众音乐	美食
19	奢侈品	生活态度	衍生内容	球类运动	民族音乐	美妆护肤
20	其他	衍生内容	园艺植物	动漫	健身	书画

图 2-3　2023 年主流媒体消费兴趣排名

（2）消费者价值取向分析。充分尊重消费者是取得消费者认同的前提。广告不仅需要触动消费者的购买欲，还要注意符合消费者普遍的价值取向。了解消费者的文化背景和社会环境，以及他们对产品或服务的期望和需求；关注消费者的道德观念和社会责任感，考虑消费者的个人和家庭价值观。在制定广告策略时，广告内容和形式应与消费者的核心价值观相契合，同时，广告语言和表达方式也应当遵循消费者的价值取向，避免使用冲突或引起不适的言辞和形象。在广告传播过程中，密切关注消费者的反馈和互动，及时调整广告内容和传播方式，以确保符合消费者的价值取向，避免负面效果的发生。图 2-4 所示为消费者价值取向广告。

图 2-4　消费者价值取向广告

（3）消费者消费心理分析。消费心理作为影响消费者消费行为的重要因素，在学术领域中被广泛讨论。常见的消费心理包括从众心理、名人心理、好奇心理、实惠心理和习惯心理等，这些心理因素会对消费者的消费决策产生影响。因此，在广告策划过程中，策划人员需要结合消费者消费心理，制定具体的广告策略，以激发消费者的购买欲望。图 2-5 所示为消费者消费心理广告。

（4）消费者社会角色分析。每一个人在社会上都扮演着不同的角色，如职业角色、性别角色、家庭角色、群体角色等。不同的角色代表着不同的消费观点，这会影响消费者对广告的接受态度。因此，广告策划人员应该通过研究了解这些角色因素对广告产生什么样的影响，从而更好地促进品牌和产品的销售。图 2-6 所示为消费者社会角色广告。

图 2-5　消费者消费心理广告　　　　　　图 2-6　消费者社会角色广告

2.2.2　确定广告目标

在新媒体广告设计中，广告目标既是广告活动要达到的目的，又是衡量一则广告活动效果好坏的标准。一般来说，新媒体广告目标主要有以下三种。

1. 开拓型广告目标

开拓型广告目标主要应用于产品的导入阶段，目的是将新产品、新功能、营销组合的新变化等信息尽可能地向目标市场传递，以开拓市场。此类广告着重打响知名度，以新的观念、新的形象给用户留下深刻印象，对广告创意要求较高。如图 2-7 所示，认养一头牛品牌作为新锐乳品企业，专注产品品质宣传，以开拓型广告目标迅速占领市场，获得消费者认可。

2. 强化型广告目标

强化型广告目标在于巩固现有市场份额，增加消费者的黏性，培养消费者的忠诚度，进一步挖掘潜在需求。此类广告着重于养成消费者的消费习惯，保持消费者对产品的好感，加深消费者对已有商品或品牌的认知。如图 2-8 所示，鸿星尔克品牌通过强化型广告目标，不断尝试新的营销方式，加速品牌的年轻化进程。

图 2-7　开拓型广告目标　　　　　　　　图 2-8　强化型广告目标

3. 竞争型广告目标

竞争型广告目标在于提高广告产品的市场竞争能力。广告的诉求重点在于宣传本企业产品与竞争产品的差异，特别是突出本产品的优异之处，并努力转变消费者对竞争产品的偏好态度，促使广告受众转而购买和使用本企业的广告产品。如图 2-9 所示，蕉内品牌将产品颜值与舒适实用相结合，凸显"重新设计"的力量，实现品牌差异化，在内衣行业中脱颖而出。

图 2-9　竞争型广告目标

2.2.3　确定广告主题

广告主题作为广告的中心思想，向消费者明确了"购买理由"，是赋予广告特性的最基本要素，也是发挥广告功效的基础。成功的广告都具有鲜明的、独特的广告主题，如何确定广告主题成为广告策划的一个关键环节。由于商品属性、企业情况、广告目标的不同，广告主题也各不相同，确定广告主题一般可以遵循以下四种方法。

1. 商品特点定位法

根据对商品的调查分析，找出该商品与市场上其他商品的差异，以此为诉求点说服消费者购买商品。该方法的常见形式包括：重点介绍该商品的创新点；与竞争商品比较，突出该商品的特性；强调该商品能满足消费者的精神需要；展示该商品能解决消费者问题等。使用商品特点定位法要将诉求点和消费者的需求结合起来，强调商品的不可替代性，才能激发消费者的购买欲。

2. 企业形象定位法

企业形象是商品的第二张脸，人们往往更倾向于选择知名企业所生产的商品。因此，在广告中树立和加强品牌形象可以有效地促进商品的销售。常见的树立企业形象的方法包括：突出企业在行业内的领先地位；强调企业所拥有的独有技术或优质原料；列举企业的历史成就；展示企业走在行业潮流前沿的形象及宣传企业的优秀文化等。

3. 市场营销定位法

广告和营销策略的结合是推广商品常用的方法，可以分为两种情况。一种是通过营销策略促进广告传播。常见的方式包括转发抽奖、集赞送礼品、打折等。另一种是通过广告宣传营销策略，比如在广告中突出商品折扣、满额抽奖和赠礼等信息。策划人员在应用这种方法时，应重点强调消费者能够获得的利益，以最大限度地激发消费者的追求实惠的心理。图 2-10 所示为商品优惠广告页面。

图 2-10　商品优惠广告页面

4. 配套服务定位法

配套服务定位法是将企业的配套服务作为差异化竞争的重要因素，通过提供与众不同的服务，来吸引消费者并增加商品的销售量。例如，京东电商平台提供快速物流服务，缩短消费者等待商品的时间，提高了消费者的满意度和忠诚度。在实施配套服务定位法时，企业需要明确自身的服务优势和特点，并将这些优势和特点与消费者的需求和期望相结合，以提供符合消费者需求的优质服务。该方法的常见方式有：强调通过服务为消费者带来便利；强调售后服务的完善，免除消费者的后顾之忧；提供比同行更优质的服务等。策划人员在使用该方法时要突出企业对消费者的重视，加强与消费者的互动，积极对待消费者的反馈意见。

2.2.4　编制广告预算

广告预算是指为广告活动事先制订的支出计划，是对特定时间段内广告活动所需经费总额、使用范围和分配方式的预估。一般包括调查费用、策划费用、设计制作费用和媒体发布费用等。若广告预算过高，将导致资金浪费；若广告预算过低，将导致资金短缺，从而影响广告活动的效果。因此，采用科学的预算编制方法能够有效制定合理的广告预算。广告预算的编制方法有多种，策划人员应根据实际情况选择适用的编制方法。下面介绍三种适用度较高的广告预算编制方法。

1. 销售预算法

根据营销需求，广告预算的编制方法主要包括销售比例法、利润比例法和单位费用法。

（1）销售比例法。根据特定阶段内的销售总额，按一定比例计算出广告经费。具体包括历史销售比例法（根据历史平均销售额或上半年的销售额加以计算）、预测销售比例法（根据下半年的预测销售额进行计算）和折中销售比例法（兼顾历史销售比例法和预测销售比例法）。这种方法符合企业的发展要求，但对于市场突发因素存在一定的风险。

（2）利润比例法。根据一定期限内的利润总额来预算广告费，具体操作与销售比例法相同。这里的利润可以是上一个广告周期商品取得的利润，也可以是该广告周期预测能够达到的利润。

（3）单位费用法。将每件商品看作一个独立的广告单位，为每个广告单位设置相同金额的广告费用，再乘以计划销售商品的数量，从而得出广告投入的总额。该方法灵活性较差，适用于经营产品比较单一的企业。

2. 任务目标法

根据广告目标编制广告计划，再根据广告计划具体确定广告主的广告费用，其优点是将生产、财务、运输等与广告、销售密切相关的因素纳入广告预算的考虑范围，更好地配合广告主的营销目的，从而明确广告中所要做的具体工作内容，如广告策划、广告制作、广告发布、广告互动和广告反馈等。最后估算每一环节工作所需要的费用以及其他成本。这些费用的总和就是广告预算投入总额。任务目标法科学性较强，但过程比较烦琐，容易产生偏差。

3. 竞争对比法

竞争对比法是指广告主根据竞争对手的广告费开支来确定自己的广告预算的一种方法。运用竞争对比法的关键是要了解主要竞争对手的市场地位与广告费用，计算出竞争对手每个市场占有率的广告投入，再依此来确定企业的广告预算。如果企业想保持与竞争对手相同的市场地位，则可以根据竞争对手的广告费率来确定自己的广告规模；如果企业想扩大市场地位，则可以根据比竞争对手高的广告费率来匡算自己的广告费用总额。

这种方法的优点是编制的广告预算具有针对性，适合市场竞争的需要，有利于企业在竞争中赢得主动权；缺点是竞争对手的广告预算的具体资料不容易取得。

2.2.5　制订广告投放媒体计划

广告媒体是承载宣传广告的一种媒介，是广告宣传形态中的一个必要因素。如今，广告媒体的发展越来越多样化，丰富多样的广告媒体使广告的宣传形式有了更多的选择。但广告媒体的选择也要根据广告主体的性质特征、应用背景及针对人群等因素来决定，以便达到更好的宣传目的。广告投放媒体的类型主要有五类。

1. 视频类媒体

视频类媒体如抖音、快手、微视等提供了广告投放的机会，以吸引用户在观看视频时接触品牌信息。视频广告形式多样，有前贴片广告、中贴片广告、悬浮广告等，能够利用视觉和听觉的双重感知吸引用户的注意力，提高品牌的曝光度和影响力。目前主流的视频类媒体平台有腾讯视频、优酷视频、抖音短视频及快手短视频等。

2. 电商类媒体

电商类媒体拥有大量的固定用户和活跃用户，广告资源位广，广告覆盖多，人群定位精准，比较适合服饰鞋包、餐饮食品、文化娱乐、日用百货、数码家电等行业的广告投放。常见的电商类媒体平台有天猫、京东、唯品会等。

3. 社交类媒体

社交类媒体是新媒体广告投放的主要渠道之一。这些平台用户规模庞大，受众广泛，同时提供了多样化的广告形式和精细化的定向投放功能，能够满足不同行业和目标受众的需求。社交类媒体平台主要有微信、微博、小红书、知乎等。

4. 资讯类媒体

资讯类媒体拥有大量的优质内容，消费人群比较大众，比较适合电商、游戏、教育培训、金融、旅游等行业的广告投放。资讯类媒体平台主要有新浪、百度、腾讯、搜狐、网易、知乎等。

5. 搜索引擎类媒体

通过搜索引擎类媒体进行广告投放能够在用户进行相关搜索时展示广告，增加品牌曝光度和点击率。搜索引擎广告投放可以根据关键词和定位等因素进行精准投放，提高广告的效果和转化率。搜索引擎类媒体可投放销售类广告、服务类广告、信息推广广告等。近年常用的搜索引擎类媒体主要有百度搜索、360 搜索等。

2.2.6　新媒体广告效果评估

广告效果评估是对广告发布后引起的变化和造成的影响程度进行的考察评估。广告效果评估既能够重新审视整个广告策划流程，又能对广告活动质量和作用的评估提供依据，是广告策划必不可少的环节。

1. 新媒体广告效果评估的预测内容

内容完整的广告效果评估主要涉及四个方面，分别是传播效果、营销效果、心理效果和社会效果。

（1）传播效果。传播效果是指广告被接受的情况，也称为认识级效果。它通常包括广告的覆盖面、接触率、记忆度和理解度等方面。在新媒体广告中，广告效果通常以热度来衡量，它是营销效果和心理效果的基础。

（2）营销效果。营销效果又称行动级效果，是指受众接受并通过广告进行购买行为的效果，常用于表现广告对商品销量的拉动，它也是广告主最为关注的效果。

（3）心理效果。心理效果是指广告对受众心理产生的影响，也称为态度级效果。通常表现为提升受众对商品的信任度，培养忠实消费者，以及提升品牌和企业形象等。与其他两个效果相比，心理效果更加隐性，但其影响效果最为深远。

（4）社会效果。广告对社会道德、文化、教育、产生的影响是复合性和累积性的。一则广告有可能立即产生轰动的社会效果，也可能潜移默化地影响社会的各种道德规范或行为规范等。在评估广告的社会效果时，要把握其是否有利于树立正确的社会道德规范，是否有利于培养正确消费观念，是否有利于社会市场环境的良性竞争。

2. 新媒体广告效果的评估方法

（1）用户数据分析。

点击量：新媒体传播的一个基本指标，反映用户对内容的阅读程度。转发量：反映用户对内容的认同和分享意愿。评论数：反映用户对内容的反馈和互动程度。点赞数：反映用户对内容的认可程度。

（2）品牌效果监测。

曝光量：反映品牌宣传力度及覆盖范围。关注度：反映用户对品牌的关注程度。印象量：反映用户对品牌的整体印象。转化率：反映用户对品牌的购买意愿和转化效果。

（3）内容质量评估。

点评量：反映用户对内容质量的反馈和意见。热度：反映内容的流行程度和话题性。互动率：反映用户对内容的参与程度及社交效应。内容效果：反映内容对用户的影响和转化率。

> 知识扩展
>
> 新媒体传播效果的评估需要考虑到多个维度，其具体指标也要根据传播的目的、对象和场景等因素进行选定和权重分配。只有综合运用各种评估方法和工具，才能得到更准确、全面、有效的评估结果。

2.3　新媒体广告策划方案的撰写

广告策划方案是指以广告主的具体要求为目标，根据广告策划流程所制作的广告计划方案。它是广告活动的计划性、广告工作的连续性的基本保证。

2.3.1　新媒体广告策划方案的内容结构

广告策划方案是对广告策划的总结，也是实施广告活动的纲领，在广告活动中起着重要的作用。一份完整、严谨的广告策划方案包括以下九个部分。

（1）前言。前言应简明扼要地说明广告活动的时限、任务和目标，必要时还应说明广告主的营

微课：新媒体广告
策划方案撰写

销战略。前言是全部计划的纲要，目的是把广告计划的要点提出来，让企业的决策者或执行人员快速阅读和了解。这部分内容不宜太长，以数百字为佳，有的广告策划书称这部分为执行摘要。

（2）市场分析。市场分析一般包括企业经营情况分析、产品分析、市场分析和消费者研究四个方面。

撰写时应根据产品分析的结果，说明广告产品自身所具备的特点。再根据市场分析的情况，对广告产品与市场中各种同类商品进行比较，并指出消费者的爱好和偏好。

（3）广告目标。广告目标建立在市场分析的基础之上，具体是指广告商品的营销方向，包括企业战略方向、商品定位、销售对象、市场潜在需求等。

（4）广告主题。广告主题是广告的中心思想。不同的广告常因主体的不同，导致其广告内容也不同。因此，策划人员在策划广告主题时需要从实际出发，使广告主题与广告内容更加契合。

（5）广告策略。广告策略是指通过市场调研和分析，了解到目标受众的特点、购买行为和消费习惯，实现、实施广告战略的具体手段与方法，是战略的细分与措施。常见的广告策略有产品策略、市场策略、媒介策略和广告实施策略四类。

（6）广告媒体计划。媒体选择是广告投放计划中的关键环节。在制订媒体投放计划时，需要综合考虑受众数量、受众特点、媒体覆盖范围、投放成本和投放效果等因素。可以根据不同媒体的特点和优势，进行整合投放，提高广告的覆盖面和影响力。

（7）广告预算。根据广告策略的内容，详细列出广告费用的分配方案、广告活动预计需要的费用，预算的合理分配能够确保广告的投放效果，并且提高投放计划的可持续性。

（8）广告效果评估。广告效果评估是指预测的广告效果和反馈情况、广告活动中及活动后的评估方法和评估标准。

（9）结论。结论是用来说明广告计划的合理性、适用性，强化广告主对策划方案的信心。

2.3.2　新媒体广告策划方案的写作要点

广告策划方案是展示给广告主的目标规划文件。由于其性质要求，广告策划方案需要具备严谨的逻辑思维、鲜明的表述及具体的说明，以便能够有效地打动广告主。广告策划方案的写作要点有以下六个。

1. 宗旨明确

广告策划方案的宗旨是为广告客户服务，获得广告主认可，因此需要与客户进行充分合作，了解客户的需求、目标和品牌价值观，将定制最适合客户的广告策略，以实现他们的目标。

2. 逻辑清晰

广告策划方案应按照逻辑思维顺序进行写作，以确保其可读性和准确性。在方案中，应首先明确主要目标，然后逐步阐述次要目标、具体实施步骤和预期效果。同时，策划方案应从宏观的角度出发，逐步细化到微观层面，做到层次分明、循序渐进。这样，广告主能够充分理解策划方案的意图，执行者也能对策划方案有清晰的认知，确保广告活动的顺利进行。

3. 言简意赅

广告策划方案应避免冗长和烦琐的文字，在需要详细阐述的部分，应分清主次，并在关键处进行批注和讲解，以保持方案的简洁明了。

4. 言之有据

在广告策划过程中，引用数据是一种常见的方法。为了使数据更具说服力，必须确保其来源具有可靠性和权威性。无论是来自权威网站、商业调查公司还是通过自行调研获取的数据，都应在策划方案中明确标注。这样做有助于提高策划方案的可靠性，让广告策划更具有说服力。

5. 通俗易懂

广告策划方案是实用性的文件，需要采用通俗易懂的语言风格，避免使用过于专业词汇或外语词汇，以确保广告主能够理解并认同方案的内容。

6. 成果当先

在制定广告策划方案时，应当在开头就明确提出结论，随后列出支持该结论的论据。同时，将核心观点置于相对显著的位置，以加深广告主对广告策划方案的印象。这种结构有助于提高广告策划方案的可读性和说服力，使广告主更易于理解并接受方案中的建议。

项目实训

制订"农夫山泉"广告策划方案

微课：制订"农夫山泉"广告策划方案

◎ 项目要求

新媒体广告策划主要以互联网环境为背景，以产品为核心、消费者为中心开展。本项目将以"农夫山泉"为例进行新媒体广告策划。要求根据新媒体广告策划流程，制作广告策划方案，充分展示出新媒体广告策划方案的内容结构与写作要点。

◎ 项目目的

本项目将为"农夫山泉"商品设计一个简单的广告策划方案。通过本项目掌握广告策划方案的写作方法。

◎ 项目分析

随着生活水平的不断提高，消费者对健康的要求也在不断提高，目前各大饮用水品牌竞争激烈，需要完善的广告策划方案来分析市场，体现品牌优势。本项目的品牌为"农夫山泉"，商品是农夫山泉饮用天然水，以"坚持高品质，全力打造天然、健康产品"为主要诉求点。为了推广该商品，策划人员需要制作该商品的广告策划方案，使广告在不同的媒体进行展现，以带来更多流量，最终促成商品成交。

◎ 项目思路

本项目思路主要是遵循新媒体广告的策划流程进行撰写，先进行市场分析，再确定广告的目标、主题与预算，然后制订广告媒体的计划，最终完成该品牌商品的广告策划方案。

（1）市场分析。本项目的市场分析主要包括品牌解读、商品分析与定位、消费者分析，并对信息进行判断与选择。

（2）确定广告目标。根据市场分析，该广告的营销策略是通过更换商品外包装提高销售量与市场占有率，挖掘消费者的潜在需求。

（3）确定广告主题。本项目中的广告主题主要分为两个方面。第一个是创意概念，也就是在策略和定位的基础上，选择一个合适的创意方向，创造独特的观点或主张。第二个是创意内容，本项目的商品有非常明显的定位，因此广告的主题应着重从商品"高品质"的特点出发，结合媒体技术，发挥想象力，扩展文案内容并进行视觉设计，这样可以让消费者在查看商品信息的同时又能够了解该商品的品质。

（4）制订广告媒体计划。结合创意内容及对消费人群的分析，选择适合的媒体平台进行广告传播，包括预热—引爆—造势—共创—热销五个步骤。

◎ **项目实施**

微课：项目实施

◉ **思考与练习** ⋯⋯⋯⋯⋯⋯⋯⋯⋯⋯⋯⋯⋯⋯⋯⋯⋯⋯⋯⋯⋯⋯⋯⋯⋯⋯⋯⋯⋯⊙

（1）简述新媒体广告策划的作用及策划原则。

（2）简述确定新媒体广告策划的目标与主题的方法。

（3）对自己的手机品牌进行市场分析，并设计相关的广告策划方案。

第 3 章 新媒体广告文案写作

学习目标	知识目标	（1）了解广告文案的内涵与构成要素； （2）了解新媒体广告文案的概念； （3）掌握新媒体广告文案的常见类型； （4）掌握新媒体广告文案的写作方法与技巧； （5）掌握新媒体广告文案的创意思维； （6）掌握微信公众号广告文案的写作方法
	能力目标	（1）具备新媒体广告文案的创意思维能力和表达能力； （2）能够设计并撰写微信公众号广告文案
	素质目标	（1）培养文案信息的收集能力； （2）培养良好的专业技能和人文素养
实训项目	双十一化妆品促销广告文案设计	

章前导读

广告艺术派大师乔治·路易斯曾说："创意要从文字入手，你必须有一个标语……语言先出现，然后才是视觉意象。""广告教父"大卫·奥格威曾说："绝大多数广告公司中——也可以说在全部广告公司中，都缺乏文案写作人员，我是指那些优秀的人才。" 由此可见，广告文案在广告活动中的重要性。

3.1 广告文案与新媒体广告文案

3.1.1 广告文案

1. 广告文案的概念

"广告文案"一词来自英文"advertisingcopy"，有时也被称为广告文或广告文稿。对于"广告文案"的具体内涵与外延，主要包括广义和狭义两个方面。广义上的广告文案是指广告作品的全部，包括广告创意文本、广告策划书、影视广告脚本、广告实施策略方案等。狭义上的广告文案仅仅指广告作品中的语言文字部分，不包括绘画、照片、色彩等非文字部分。

2. 广告文案的构成要素

一则完整的广告文案包括广告标题、广告正文、广告口号、广告附文四个组成部分，每个部分分别传达不同的信息、发挥不同的作用。广告文案的结构具有灵活多变的特点，并非所有的广告文案都具有上述完整结构。

（1）广告标题。广告标题是广告文案的主题，也是广告内容的诉求重点。它的作用在于吸引人们对广告的注目，留下印象，引起人们对广告的兴趣。只有当受众对标语产生兴趣时，才会阅读正文。广告标题的设计形式有情报式、问答式、祈使式、新闻式、口号式、暗示式、提醒式等。

（2）广告正文。广告正文承接广告标题，对广告信息进行展开说明、对诉求对象进行深入说服，是居于主体地位的语言文字，是广告文案的中心部分。广告正文撰写内容要实事求是、通俗易懂。不论采用何种题材式样，都要抓住主要的信息来叙述，言简意赅。

（3）广告口号。广告口号俗称广告语，是战略性的语言。目的是经过反复和相同的表现，以便让受众明白它与其他企业精神的不同，使消费者掌握商品或服务的个性。广告口号的撰写要注意简洁明了、语言明确、独创有趣、便于记忆、易读上口。

（4）广告附文。广告附文也称随文，是广告文案的附属部分，通常置于广告文案的结尾。它主要用来传达广告主的身份及相关信息，如产品名称、商标、厂家、相关电话、销售周期、银行账号、联系人等。

3.1.2　新媒体广告文案

新媒体广告文案主要依赖网络环境和新媒体平台，承担着传达信息和促成交易的重要功能，是当前商业模式下的重要产物。

1. 新媒体广告文案的概念

新媒体广告文案是以新兴媒体为传播平台，利用新媒体传播平台的交互性进行有创意的广告内容输出，从而帮助商家或企业实现某种营销目标的广告营销，如图 3-1 所示。

2. 新媒体广告文案的特点

新媒体广告文案更符合现在人们的阅读习惯，也更能适应现代媒体传播的需要。其写作方式也与传统的文案有所不同，主要有以下五个特点。

（1）内容多元化。网络的便捷性导致信息传播渠道多样化，网络信息铺天盖

图 3-1　新媒体广告文案示例

地，人们很难从冗杂的信息链中获取指定的某段信息，而文案本身便是对信息的加工和处理，这就使新媒体文案人员更加需要考虑广告信息是否能准确、轻易地被人们接受、理解、记住甚至传播，故而新媒体文案也由单一的文本形式变为文字、动图、超链接、视频等形式的灵活组合，这样一来文案在不同的网络平台都能得到有效的传播。

（2）定位精确。不同的新媒体平台受众具有不同的特征，文案人员要根据各平台受众的特点撰写文案。例如知乎、豆瓣、微信、微博等比较适合上班族，因此其推送的很多广告都是职场人群所需要并愿意进行传播的。又如淘宝头条大部分受众都是女性群体，且以年轻女性居多，因此其文案多是这类群体感兴趣的服装、美妆等。受众在平台浏览的各种数据都会被后台记录，平台基于这些

浏览记录会精准地为受众推送相关内容。商家或企业若与这些平台合作，就可根据这些数据对受众进行精确的定位，从而取得良好的营销效果。

（3）推广方便。随着网络技术的不断发展和移动设备的普及，新媒体文案的推广渠道得到了极大的拓展和优化。现在，人们更多地使用手机来查看和浏览新媒体文案，这使受众能够更加方便地进行相关操作。以微信公众号文案为例，受众可以直接通过触摸屏长按二维码进行关注，也可以单击文章右上方的横三点标志，在弹出的页面中选择分享操作，从而实现更加便捷的操作体验，如图 3-2 所示。这种便捷性和实时性使新媒体文案的传播更加高效和广泛。

图 3-2　微信公众号文案的可执行操作

（4）成本低。相较于传统广告，新媒体文案的发布成本更为经济。网络传播途径多样，只要文案内容足够吸引人，受众会自发进行传播与分享。这种简单的传播链有时会产生意想不到的营销效果。然而，传统媒体（如电视、杂志等）的传播成本较高，且信息传递给目标受众的准确性往往难以保证。

（5）时效性强。在移动互联网环境下，人们的阅读行为逐渐表现为碎片化特点。在此背景下，信息的传播与更新速度非常快，如果文案传达的信息过时，就很难吸引受众的关注。因此，在新媒体文案的写作过程中，必须注重信息的有效获取和及时传达。

3. 新媒体广告文案的常见类型

（1）按企业广告目的分类。新媒体广告文案按企业广告目的的不同可分为销售文案和品牌传播文案。销售文案是能够立即带来销售额的文案，如产品销售页中介绍产品信息的文案，为了提升销售额而制作的引流广告图等。品牌传播文案是以扩大品牌影响力为目的而创作的文案，如企业形象广告、企业节假日情怀营销文案等。图 3-3 所示为产品销售文案，图 3-4 所示为品牌宣传文案。

图 3-3　产品销售文案

图 3-4　品牌宣传文案

（2）按投放渠道及表现形式分类。新媒体广告文案投放渠道不同，文案的表现形式也不同，例如，微信公众号支持多种表现形式的文案，如纯文字、语音、图片、图文（即图片和文字）、视频等；微博文案也有多种表现形式，如文字附图、文字附视频等，如图 3-5 所示。

（3）按广告植入方式分类。新媒体广告文案按广告植入方式可分为软广告和硬广告。软广告不是直接介绍产品、服务，而是通过其他方式植入广告，例如在故事情节中植入品牌广告，具有一定的隐蔽性，用户不容易直接察觉到广告的存在。硬广告则相反，它是以直白的内容将广告直接发布在对应的渠道媒体上。图 3-6 所示为 58 同城中秋节软广告。

图 3-5　微博附图文案　　　　　　　　图 3-6　58 同城中秋节软广告

3.2　新媒体广告文案写作

3.2.1　新媒体广告文案的写作步骤

微课：新媒体广告
文案写作

1. 明确目标受众

新媒体平台有庞大而多样的受众，因此首先要明确目标受众群体。了解受众的特点、需求和偏好，可以更准确地定位受众的心理需求，并为文案的创作提供方向。

2. 深入了解产品或服务

在文案写作之前，需要对所推广的产品或服务做深入了解。了解产品或服务的特点、优势及独特卖点，然后将其转化为文案的亮点和卖点。通过与产品团队的沟通和参观工厂或实地考察等方式，可以更好地了解产品的研发背景、目标受众及市场竞争情况，有助于撰写更富有说服力和创意的文案。

3. 确定文案的主题与定位

文案的主题与定位是吸引受众的关键。在此步骤中，需要确定文案的核心内容，即要传达的主要信息。同时，需要思考文案是想通过什么样的方式来传达信息：是通过情感表达、幽默、故事性、悬念还是通过简短有力的陈述。根据目标受众和产品的特点，确定适合的文案定位和风格，有助于提高文案的针对性和有效性。

4. 构建文案的结构与语言

一个优质的文案须具备严谨的结构和恰当的表达方式。在构建文案框架时，可采用叙述故事、解决疑问、展示利益等策略以激发读者的兴趣。另外，选择文案语言时，务必根据目标受众的喜好和特征来挑选恰当的表达方式。

5. 编辑和优化

文案的创作并非一蹴而就，而是需要经过细致的编辑和优化。在编辑过程中，应对文案进行反复的修改和删减，以确保其结构清晰、表达准确。同时，也要注重语言的精练，通过精选字词和调整句式来提高文案的吸引力和感染力。此外，为了进一步提升广告效果，还需通过 A/B 测试等手段获取用户反馈和数据，以便对文案进行持续优化和改进。

3.2.2　新媒体广告文案的写作方法

在新媒体时代，广告文案的写作方法需要适应新的传播方式和受众需求。

1. 拟定标题

文案标题常常起到引人注意、点明主题的作用，掌握标题的不同写作方法，将有助于打造更出彩的文案标题，促进产品的营销与传播。

（1）宣事式标题。宣事式标题是直接点明产品宣传意图的标题。这种标题常会开门见山地宣告某事项或直接告诉受众会获得哪些利益或服务，让受众一看标题就知道该文案的主题是什么。折扣促销、产品上新等活动推广文案常使用这种标题。例如，"五一全场五折起；618 年中全场直降，领券再满减；只要 99 元，你就可以永久学习 PS"。

（2）恐吓式标题。恐吓式标题是通过恐吓的手法来吸引受众的关注，特别是对有某种担忧的受众来说，这种恐吓手法可以引起受众的危机感，从而对所推广的产品或服务产生认同。例如，"恐怖：驼背竟然影响孩子的一生；太可怕了，炒菜时做这几件事情，可能会让你全家得病！小心身边用华为 P30 的人！你在他们面前没有秘密"。

（3）提问式标题。提问式标题是从受众关心的利益点出发，用提问的方式引起受众的注意，引发他们思考问题，加深他们对文案的印象。提问式标题可以是反问、设问、疑问等。例如，"低美感社会，如何培养孩子的审美？情绪课程：你的情绪背后隐藏的真实需求是什么？华为 P30 Pro 长焦除了拍月亮，还能拍什么？"

（4）对比式标题。对比式标题就是通过对比手法来衬托当前产品的特点，从而加深受众对产品的认识，引起受众的关注。例如，"月入几千元的设计和月入上万元的资深设计区别在这里！这些食物看起来很美味，但其实都有毒！40 岁的人，20 岁的脸"。

（5）证明式标题。证明式标题就是以见证人的身份阐释产品或品牌的好处，以增强受众的信任感。例如，"亲测！这是我用过的最好用的眼霜；顺利拿到高薪 offer，我当初的选择没有错！用对了洗发水，可以 3 天不洗头"。

（6）新闻式标题。新闻式标题要凸显出权威性，以报告事实为主，一般多用来告知读者某些事物的新变化或者产品上新、政策新规。例如，"教育部：逐步淡化'双一流'高校的身份色彩；人社部：事业单位新政实施；推动职业教育发展 腾讯启动「青云计划」，全球招募顶尖技术学生"。

（7）号召式标题。号召式标题是用鼓动性的话语作为标题，号召受众做出某种决定或行为。其语言要求具有暗示性和指向性，能让受众受到语言的鼓动，做出标题所要求的某种行为。号召式标题一般具有祈使意味，以动词开头，但在写作时要注意用委婉词语，避免消费者产生逆反情绪。例如，"格力空调，温暖千万家；买光超市的王老吉，上一罐买一罐；积极参与垃圾分类，共同呵护绿色家园"。

（8）悬念式标题。悬念式标题侧重借助某个点去引起受众的好奇和思考，让受众带着疑问去阅读，在其中探索答案。例如，"辞职后做了主播，结果……；大学的课堂还能这么上？年度十大新闻，看到第二条破防了"。

（9）话题式标题。话题式标题就是通过关注热词与热议的话题撰写标题，引起受众的关注。在撰写话题式标题时要紧跟热点，标题的策划可以借助参考百度、微博的热搜排行榜。这类标题要注意时效性，满足当前读者的需求，选择恰当的场景使用。例如，"跟着冬奥开幕式，打开二十四节气里的传智""在顶流面前，没有一个人可以拒绝""美拉德的风还是吹到了家装界"。

（10）数字式标题。数字式标题直白简单，更具说服力和可信度，容易让人直观地感受到文案的核心，留下更深的印象。例如，"用 ChatGPT 赚钱的六种方法""两大步骤，教你用 PS 调整照片清晰度""教你如何用三个月的时间，从月薪 3 000 元升至 3 万元"。

2. 撰写正文

正文是新媒体广告文案的核心，是文案的创意和结构组织的具体体现。新媒体广告文案类型多样，包括文字、图片、音频、视频、多形式结合（如图片 + 文字、图片 + 音频 + 文字）等，因此在新媒体广告文案的布局过程中，要掌握文案正文的写作方法，尤其是结构组织方法，使文案脉络清晰、行文自然。

（1）正文的一般结构。

1）开头。开头具有承上启下的作用，上需承接标题，下需引导受众进一步阅读。

①直接开头。直接揭示文案的主题思想或点明要说明的对象，要求快速切入文案中心，将文案需要表达的内容直接描述给受众。若是推广某事物，就要马上表述某产品或服务是什么、有什么好处、能解决什么问题等。这种写作方法常以标题为立足点直接进行阐释，避免受众产生心理落差。

例如：

［标题］Suzuki 能解除您的困乏与烦恼

［正文］生活总是由您自己来主宰，或兴奋激越，或平淡无奇。自由与困扰之界线简单如汽车的两轮。驾上 Suzuki，您就可以冲破烦恼。

②提问式开头。提问不仅能引发受众的思考，还能借机自然导入文案的主题，引起下文，突出文案的主旨。需要注意的是，提问要有足够的深度，挖掘自身产品特性及消费者对产品的认知。

例如：

［标题］逆龄而上，最重要的是？

［正文］人生需要做减法，尽量去做一些自己热爱的事情，让自己快乐，我追求紧致、饱满的肌肤状态，麦吉丽逆时光奇迹面霜，创造逆时光奇迹。

③名言开头。名言开头即使用名人名言、谚语、诗词等引领文案的内容，凸显文章的主旨及情感。名言一般具有言简意赅的特点，使文案充满吸引力，从而提高文案的可读性。

例如：

［标题］读书的力量

［正文］一个人的气质里，藏着他走过的路和读过的书。

④利益开头。利益开头是指满足受众需求与利益的文案开头，是一种有效吸引受众关注的方法。常见的利益开头有优惠促销、免费送福利、活动赢奖励、赚钱机会等，在设计利益开头文案时，要判断受众最想要的是什么，选择对受众更有诱惑力的表述方式。

例如：

［标题］天猫家装节

［正文］想想想，看看看，等等等，慢慢慢，省钱的机会飞了。

⑤故事开头。故事开头也就是情景导入，即在文案的开头创造一个故事情境，再用一句话揭示道理；也可以直接写故事，然后在其中进行商业植入。

例如：

［标题］回家吃饭 App

［正文］第一次在上海尝到老乡的手艺，还是觉得山西人做的山西面最好吃，我相信很多地方的人都是他乡的，还真瞧不上每一餐都是回家吃饭。

2）主体。主体是广告正文中的重要部分，主要根据广告目标和要求，阐述商品品质和优点。主体的写作方式有以下几种：

①承接开头的内容顺次展开。

②回答开头所提问题，引出诉求重点。即有所问要有所答。

③与开头形成转折关系。

④借助小标题进行平行叙述。

3）结尾。结尾强化对品牌的认知，号召受众尽快采取行动。结尾的写作方式有以下几种：

①直接的购买请求。例如数量有限，欲购从速。

②委婉的购买请求。例如：制造一辆 POLO，是理性的；购买一辆 POLO，同样如此。（POLO 汽车）

③树立形象。此时可重复广告标题。

（2）正文的写作体裁。广告正文写作借鉴了文学的书面语言形式，一般有叙述体、新闻体、诗歌体、故事体等多种体裁。

1）叙述体。直接阐述广告产品功能特性，以客观的表述介绍产品。叙述体广告文案的魅力在于商品本身的诉求力量，而非文案写作技巧。在工业用品及部分日用消费品广告中，常采用这种形式。

例如：北大方正专为中国家庭用户制作的网络时代的多媒体计算机卓越 98，更充分发挥了计算机在信息处理、通信、多媒体欣赏与创作等方面的功能，再次确立了网络时代高性能家用多媒体计算机标准。（北大方正计算机）

2）新闻体。在特定的广告版面和广告时间里，采用新闻报道的形式，即使用新闻报道的写作笔法、特有的文体结构撰写广告正文。这种形式的特点在于借助新闻的形式来增强广告正文的新闻性和权威性。

例如：新春时节京华传喜讯，新华社公布了轻工业部质量等级公报，中国家用电器工业质量检测中心对电冰箱九个指标测试按国际标准划分等级，双鹿冰箱跃国际先进水平 A 级（优良）行列。（双鹿冰箱）

3）诗歌体。以诗歌形式进行广告信息表现的正文形式，具有音韵美、形式美、语言美、意境美的特征，适合表现产品的文化韵味和附加价值。

例如：千古佳酿，万代留香，中华酒宗，汝阳杜康。（杜康酒中华酒宗系列）

4）故事体。故事体是一种通过讲述一个与广告内容息息相关的故事来表现广告信息的正文形式。其特点是以故事的发生、发展过程引人入胜，吸引受众兴趣，又以故事中的事件和产品介入所获得的结果无形地说服受众。

例如：放牧的日子是萨米人最忙碌的时刻，也是最闲暇的时刻。只要天气不糟糕，就可以在一群牧养的驯鹿旁，三两人围坐在一起。一壶热咖啡聊几句山水长短，外族人看来的居无定所时光，在他们眼中却像是醇厚的咖啡香，悠扬在辽阔的土地上，何处无家。（宜家咖啡杯）

3.2.3　新媒体广告文案的写作技巧

在新媒体时代，吸引消费者的注意力、提供清晰明确的购买信息是广告文案的关键任务。

1. 重视文案标题的作用

在广告文案中，标题是首先映入消费者眼帘的关键元素。一个出色的标题应具备两个核心特质：能被受众轻易搜索到，能激发受众的点击欲。

为了确保标题能被受众搜索到，撰写者在构思标题时，应深入了解并分析受众搜索某产品的关键词。将那些搜索频率高且有效的关键词融入标题中，可以使文案在海量信息中脱颖而出。如图 3-7 所示，受众在微信中搜索"手机"后，通常会选择更具吸引力的标题。

2. 增强文案内容的吸引力

移动互联网已经占用了用户大部分的时间，人们的精力和时间都变得碎片化。新媒体广告文案需要让用户在碎片化的时间中被广告标题、主题快速吸引。这就要求广告文案在内容上要有代入感，能够吸引用户的目光，同时，还要让用户产生信任感，这样才会对产品或服务产生购买意向。

（1）与"我"有关。人们总会自觉或不自觉地关注与自身利益、生活相关的内容，例如关心产品或服务能够给他们带来什么，或者能够为他们做什么。因此，广告中使用"你"这个词更容易被用户注意和理解。据微信公众号运营数据调查发现，与"我"相关的标题点击率明显高于其他标题，做图文标题时，只要多加一个"你"字，阅读量会比平时增加 5% ~ 10%。在撰写文案时，要着重把握人们这种心理来构思文案内容，如雀巢咖啡经典广告语："我的灵感一刻，我的雀巢咖啡"，"此刻愉悦，由你开启"，"一杯雀巢咖啡，让您的早晨更美好"。图 3-8 所示为雀巢咖啡广告文案。

（2）运用对比，制造反差。对比是文学创作中比较常用的一种表现手法，是指把对立的事物或事物的两个方面放在一起做比较，让读者在比较中分清好坏、辨别是非。强烈的对比会帮助人们作出决定。在广告文案写作中，可以制造使用之前和之后对比、和竞争对手对比等方法。例如背背佳广告文案就运用了前后对比：背背佳是一种针对改善驼背姿势的产品，通过背带和背板的支撑，能够纠正不正确的姿势，使脊椎回归正常位置。加多宝广告文案则运用了和竞争对手对比，通过道歉方式，表现自己产品的优势："对不起，是我们太笨，用了 17 年的时间才把中国的凉茶做成了唯一可以比肩可口可乐的品牌。""对不起，是我们太自私，连续 6 年全国销售领先，没有帮助竞争队友修建工厂、完善渠道、快速成长。"如图 3-9、图 3-10 所示。

3. 关注受众的感受

消费者的购买行为受到自身心理活动的支配，因此广告文案需要触及消费者的心理，关注消费者的感受，并在此基础上激发其购买动机。在产品推向市场之前需要研究产品最能满足消费者需求的是哪方面，消费者最关心的是什么，这样才能了解消费者的内心感受，找到心理诉求点，并在广告文案上调动他们对产品的兴趣和好感，激起他们的购买欲望和动机。

关注受众感受，可以从以下三个层面体现：

图 3-7 具有吸引力的文案标题

图 3-8　雀巢咖啡广告文案　　　　图 3-9　背背佳广告　图 3-10　加多宝广告

（1）关注受众的情感体验。广告应通过富有美感的文字、画面、声音、色彩刺激受众的视觉、听觉多重感官，激起受众积极的情感联想，产生舒适、愉悦、满足等情感体验，从而在不知不觉中认可和接纳所宣传的产品。

（2）关注受众对广告的态度。广告文案是影响和改变消费者态度的有效手段。态度是人对某一事物在通常条件下所表现出来的肯定或否定的心理机制。广告要消除广大受众先前对产品的消极态度，形成新的积极态度可从三方面着手：一是改变认识。通过实事求是、诚实守信的宣传介绍，使广告受众公平、公正、科学正确地认识和理解产品及其功能，摒弃原有的偏见和误解。二是改变感情。感情是态度的核心成分。广告应从"情"字着眼，对受众动之以情，使其对所宣传产品由冷淡转变为热情，由厌恶转变为喜爱，由拒绝转变为悦纳。三是改变行为。广告的宗旨是让受众产生购买和消费行为，使他们的消费行为由被动转变为主动，由消极观望转变为积极参与，最终体现在消费行为上。

（3）广告文案要人性化，具有人情味。广告文案要彰显人性，体现以人为本、以广大受众为本的理念，能够带给受众更多的人文关怀，使其在接受广告过程中体会到厂家和商家对他们的关爱、尊重，意识到广告的目的并非仅仅是营销，而是为了消费者的需求；广告文案还要亲切、自然，具有人情味，使受众感受到贴心的交流和沟通，拉近供需双方的心理距离。

如图 3-11 所示，方太品牌一直贯穿"因爱伟大"的理念，在净水机广告中用充满"人情味"的走心文案，缔造人与自然、人与健康的联系，勾起人们对美好生活的向往。

图 3-11　方太净水机广告文案

4. 增强信任感

受众对广告的信任程度关系广告最终目标的实现，因此，广告文案的撰写应增强受众对产品或服务的信任感。增强信任感的广告文案撰写方法有以下三种。

（1）权威认证。在撰写广告文案时注重展示该产品的权威机构或人士认定信息，这样，受众对权威的信任就会转嫁到产品上，为产品快速获得信赖度。图 3-12 所示格力空调广告文案，展现出格力不仅掌握核心科技，并且具备超国家一级能效的节能特点。

（2）用户证明。人们对同一消费群体的真实评论有较强的信任感，很容易受好评的影响产生购买动机。因此，在撰写广告文案时，精选一些产品的买家评论、品牌社群和品牌互动的留言中的良好使用感受，能够增强受众对产品的信任感，如图 3-13 所示。

（3）消除受众的顾虑。在商业环境中，消费者存在感性和理性方面的风险感知，如金钱风险、功能风险、生理风险、社会风险、心理风险。用户在选择一款产品时，面临着价格问题、安全问题、是否有副作用、是否有不良影响、售后服务问题等。因此，在撰写广告文案时，需要主动地为受众提供可以直接参考和信赖的凭据，满足受众的安全感需求。提供凭据可以从以下几个方面入手：在理性信息证明上，有试验数据、产品配料表、研究专利、权威认证、抽样调查等凭证；在感性体验保障上，有免费试用、售后保障、无效退款等策略。多种策略有机组合形成一个保护受众安全感的防护盾，让受众产生值得信赖、愿意尝试的安全感。需要注意的是，文案在提供数据材料时，要基于产品价值的核心，基于受众真正关注的点，并且有结构有条理地呈现出来。如图 3-14 所示，唯品会通过"名牌折扣 + 限时抢购 + 正品保障"的广告文案，开创了新电商模式，以高性价比、正品好货凸显其差异化优势，赢得受众信赖，被誉为"线上奥特莱斯"。

图 3-12　格力空调广告文案　　图 3-13　用户证明广告文案　　　　图 3-14　唯品会广告文案

知识扩展

新媒体广告文案不仅是影响传播的工具，还是一种文化产品，它对于社会风气和大众价值观具有一定的舆论导向作用。在撰写新媒体广告文案时，需要针对目标受众制定明确的策略，并创造有趣、吸引人的广告内容，以确保广告的效果和转化率。

3.3　新媒体广告文案创意

微课：新媒体广告
文案创意

3.3.1　新媒体广告文案的创意要求

新媒体广告文案的创意既要贴合实际，又要具有一定的创新性，具体要求如下。

1. 精准切题

广告文案的创意需要精准地展现商品或企业的核心特质，深入挖掘广告对象所蕴含的深层含义。为了实现这一目标，关键在于准确把握商品、企业及消费者心理，从而在广告中成功地"叫响品牌"。同时，广告创意还需紧密围绕广告战略目标，塑造商品及企业形象，为商品和企业"打响名声"。通过严谨、稳重、理性、官方的语言风格，更好地传达广告信息，吸引消费者的关注，并提升品牌的知名度和美誉度。

2. 深挖内涵

广告文案创意要包含深刻的内涵，将某种思想、理念、意义蕴含在广告文案之中，使广告文案不仅传播商品信息，而且具有促进人生、指导人生的功能。广告文案创意要深刻，关键是与商品、企业相关联的价值观念、文化观念要深刻，使商业气息很浓的广告富有人文价值，更富于时代性和民族性。

3. 创新表现

广告文案创意要别出心裁，不落俗套，给人新鲜感。新可以是多方面的，如信息新、角度新、表达新等，都可以体现出创意的新颖。信息新是指广告文案创意要善于在商品及企业众多的信息中，选择最新颖的、能吸引消费者注意并引发购买欲望的信息进行创意；角度新是指广告文案创意要善于开辟思路，在多种可供选择的寓意中，选择角度新颖的创意来传播信息，给广告受众耳目一新的感觉；表达新是指广告文案创意要在诉求表现、展现时机、呈现方式、互动形式、媒体联动方案等方面有创造性的设计，延展创意表达的新范畴。

4. 富有情趣

广告文案可以用平实的手法传播信息，也可以用艺术的手法来体现高雅、幽默的情趣。在广告创意中，要善于通过对广告内容的体会和对标受众的分析来揭示商品本身的情趣。有些商品本身无所谓情趣，设计人员要反复揣摩，巧妙地赋予商品某种情趣，让受众在较短时间内从广告文案中迅速、准确地认识商品，又感受到广告创意体现出来的特有情趣。

5. 标新立异

广告文案的创意需保持独特性，追求与众不同的表达方式，才能在海量信息中脱颖而出，在消费者心中留下深刻的印象。同时，广告文案应能提供全新的视角和思维方式，突出品牌的个性和气质，塑造立体的品牌形象。为了实现这一目标，创作者需要对消费者的内在需求进行深入挖掘，尝试打破已有的词语和概念的界限，对商品功能进行重组，重新定义与消费者需求有关的内容，并采用多样化的形式来满足消费者的需求。

3.3.2　新媒体广告文案的创意策略

1. 九宫格思考法

九宫格思考法是快速产生创意的练习法，有助于思维扩散，是构思文案、策划方案常用的思考工具。九宫格的填写方法有两种，一种是以中央为起点，顺时针填写，将要点按自己想到的顺序填写进去，这可以了解文案人员对该产品的熟悉程度；另一种是随意填写，有助于文案人员充分地发散思维，增加灵感。九宫格思考法的操作步骤如下。

第一步：拿一张白纸，先画一个正方形，然后用笔将其分割成九宫格，再将主题（产品名称）写在正中间的格子内。

第二步：采用直觉思考，将与主题相关的商品的众多优点写在旁边的 8 个格子内。

第三步：反复思考、自我辩证，查看罗列的商品优点是否必要、明确，内容是否有重合，据此进行修改。

下面以格力品牌的一款空调产品为例，运用九宫格思考法对该空调的特点总结如下，如图 3-15 所示。

了解了该产品的信息之后，根据资料进行整理，得出图 3-15 所示的九宫格图。

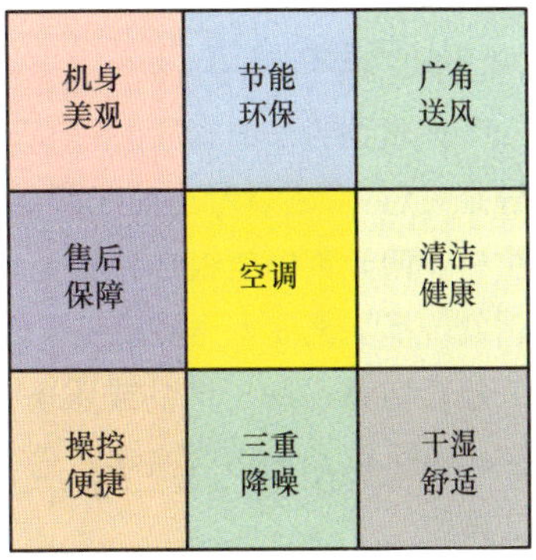

机身美观	节能环保	广角送风
售后保障	空调	清洁健康
操控便捷	三重降噪	干湿舒适

图 3-15　空调九宫格思考图

　　另外，在采用九宫格思考法撰写新媒体文案时，并不是要将产品的所有优点都指出来，而是只强化部分功能或其中一个功能，通过核心卖点让受众记住文案。并且，在文案写作中，对受众记忆点的使用要因地制宜。例如在海报文案或推广活动文案中，受众记忆点最多不超过 3 个，因此介绍重点功能即可，但是在电商详情页文案和软文上则不一样，文案中应尽可能多地展示该产品的重点优势。

2. 头脑风暴法

　　头脑风暴法是一种常用的创意生成方法，其目的是通过集思广益的方式，激发参与者的创造力和想象力，以产生新的广告文案创意。

　　进行广告文案创意头脑风暴法的步骤如下：

　　（1）确定主题和目标受众。在开始头脑风暴之前，需要明确广告的主题和目标受众，以确保讨论的内容与广告的目标和受众相关。

　　（2）准备工具和环境。准备必要的工具，如白板、白板笔、便笺纸、投影仪等，同时选择一个有利于激发创意的环境，如安静的会议室或开放式办公空间。

　　（3）开始头脑风暴。让参与者自由地提出与广告主题相关的创意和想法，在记录这些想法时，不要进行评价或批评。

　　1）记录和整理：将所有的想法记录下来，并在必要时进行整理和分类。

　　2）筛选和改进：根据广告目标和受众的需求，筛选出最有潜力的创意。然后，对这些创意进行改进和完善，以形成更具吸引力和可行性的广告文案。

　　3）集体讨论：在筛选和改进后，组织一次集体讨论，让所有参与者对最终的广告文案进行评估和讨论。

　　（4）确定最终方案。根据集体讨论的结果，确定最终的广告文案。

　　在进行广告文案创意头脑风暴法时，需要注意以下几点：

　　1）鼓励多样性：鼓励参与者提出不同的想法和观点，以促进创意的多样性。

　　2）不要评价或批评：在头脑风暴阶段，不要对想法进行评价或批评，以免影响参与者的创造力和积极性。

　　3）记录所有想法：记录所有的想法，包括看起来不切实际或离奇的想法，因为这些想法可能会激发其他人的创意。

　　4）专注于解决问题：在筛选和改进创意时，要专注于解决问题，而不是强调不足之处。

　　5）集体讨论的重要性：集体讨论是广告文案创意头脑风暴法的重要环节，可以帮助参与者从不同的角度审视广告文案方案，从而发现潜在的问题并进行进一步的改进。

　　6）及时总结和反馈：在头脑风暴结束后，及时总结讨论的结果，并向参与者提供反馈。这有助于提高参与者的创造力和参与度，并为以后的头脑风暴做好准备。

3. 元素组合法

　　元素组合法的本质是通过对不同元素的组合使文案更具创意。美国广告大师詹姆斯·韦伯·扬曾经说过："创意就是旧元素的新组合。"旧元素可以让受众产生熟悉感，新组合会让受众产生陌生感。旧元素的新组合会让受众感到既熟悉又陌生，能激发其产生"居然可以这样"的感叹，从而引发传播。文案人员应用元素组合法时，可以从多方面进行。例如，可以从文案本身考虑，文案中一般会包含品牌、产品或服务，这时可以将其与外部元素，如节日、热点等结合，寻找写作切入点；也可以通过组合文字、形状、物品等元素来贴合品牌理念或产品卖点，创作出具有设计感的文案。

4. 多维度发散创意法

人的头脑是非常灵活多变的，激发创意的方法也有很多，单从思维的角度来说，在文案创作工作中可以运用逆向思维、发散思维、聚合思维等思维方式。多维度发散创意法是对这些思维方式的总结，可以帮助文案人员从多个角度进行创意思考。

（1）逆向思维。逆向思维即反其道而行之，从常规思维的对立面着手，打破原有规则，得出新的想法与创意。例如，某快餐品牌的"不卖汉堡"的广告：某快餐品牌在部分地区推出了一组广告，标语为"我们不卖汉堡"，并解释说他们已经售罄，但是还有其他很多好吃的食物供应。这个广告运用逆向思维，反其道而行之，成功吸引了消费者的关注。

（2）发散思维。发散思维也称扩散思维、辐射思维，是指从已有信息出发，不受已知或现存的方式、方法、规则等的约束，尽可能向各个方向扩展思考，从而得出多种不同的设想或答案。

（3）聚合思维。聚合思维也称求同思维、集中思维，是指从已知信息中产生逻辑结论，从现有资料中寻求正确答案的一种有方向、有条理的思维方式。其特点是使思维始终集中于同一方向，使思维条理化、简明化、逻辑化、规律化。例如，可以从已有的产品信息中挑选出关键信息，然后从关键信息出发打造核心卖点。

5. 金字塔结构法

金字塔结构法的原理是对广告文案的写作思想进行逻辑阐述，它既可以表现纵向关系，又可以表现横向关系。金字塔结构法通常表现为论点与论据之间的关系，一个论点通常由多个论据支撑，论据还可能有多个子论据，由此形成金字塔结构，这样的结构有利于文案人员快速找准文案的主题和中心论点。

每一篇新媒体文案都有其独特的主题，根据主题确立论点，论点又有论据，如此层层展开，使文案有理有据，如图 3-16 所示。

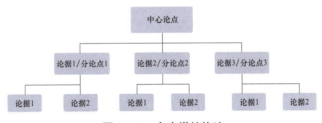

图 3-16　金字塔结构法

3.4　微信公众号广告文案写作

微信公众号包括服务号、订阅号、小程序和企业微信四种类型，微信公众号广告文案主要出现在服务号和订阅号中。微信公众号广告文案的营销形式是向已关注微信公众号的受众推送文案，通过广告文案内容吸引受众，从而巩固受众对企业或品牌的忠诚度，提升整体营销效果。与微信朋友圈文案相比，微信公众号广告文案包含的信息更多，受众需要花费更多的时间浏览，而且受众可以通过留言的方式参与互动。

微课：微信公众号
广告文案写作

3.4.1　微信公众号广告文案的特点

（1）目标明确。微信公众号广告文案通常具有明确的目标，旨在吸引读者关注、提高品牌知名度、推广产品或服务。

（2）内容丰富。微信公众号广告文案包含丰富的信息，包括品牌介绍、产品特点、促销活动等，以便向读者传递全面的信息。

（3）风格多样。微信公众号广告文案的风格可以根据品牌特点和目标受众进行调整，既可以是正式的、专业的，也可以是轻松的、有趣的，以吸引读者的兴趣。

（4）互动性强。微信公众号广告文案可以通过评论、点赞、分享等功能与读者进行互动，及时回应用户反馈，提高用户参与度。

（5）语言简洁。微信公众号广告文案简洁明了、篇幅较短，以便读者能够快速理解和接受信息。

（6）有效推广。微信公众号广告文案需要结合品牌特点和目标受众制定有效的推广策略，包括通过社交媒体、广告投放、口碑传播等方式提高曝光度和传播效果。

（7）数据驱动。微信公众号广告文案需要关注数据分析和优化，通过分析读者反馈、阅读量、转发率等指标，不断优化文案内容和推广策略，提高转化率和变现效果。

3.4.2　微信公众号广告文案的写作要求

1. 精确定位目标受众

确定目标受众，需要深入了解其喜好、行为动机，并据此策划微信公众号的运营内容，以打造出符合受众喜好的风格、特色和服务。在一般情况下，影响受众喜好和行为动机的因素包括地域、性别、年龄、受教育程度、收入和行业等，这些因素可以作为微信公众号平台定位的依据。

2. 内容设计

（1）封面图设计。微信公众号的封面图是对文案内容的简要说明和体现，用以快速吸引受众的注意，并激发受众潜在的浏览欲望。微信公众号的封面图一般使用与文案内容或产品相关的图片，如果微信公众号广告文案分为不同系列，还可以为每个系列设计对应风格的图片。微信公众号封面主图尺寸为 900 像素 ×383 像素，封面主图应尽量简洁美观，图片上尽量不要有过多的文字，如图 3-17 所示。次图的尺寸为 200 像素 ×200 像素，如果文章较多，则可以采用统一的次图样式。

每天坚持散步，为什么还没瘦啊

图 3-17　封面主图

（2）标题。微信公众号的文章标题能否在第一时间勾起用户的好奇心决定了它的阅读量高低。具有吸引力的标题常用的写作策略有以下六种。

1）直言式标题。该标题形式在文案中采用直接、简洁的语言来概括主题或内容。它不涉及文字游戏、隐喻或双关语，而是针对特定人群的痛点，激发共鸣并吸引目标用户的兴趣。例如：《一代鞋王百丽要被收购了》。

2）新闻式标题。新闻式标题是一种简洁、准确的标题格式，用于吸引读者的注意力并传递核心信息。它能够在有限的字数内概括要点，帮助读者快速了解内容。例如产品有新品上市、升级换代或者新的发展方向等新闻发布，可以直接用来作为标题。例如：《发布全新动力总成战略，红旗新能源汽车专注打造"顶级动力"》。

3）暗示式标题。暗示式标题通过巧妙地使用语言和表达方式来传达文案的主题或核心思想。与直言式标题相比，暗示式标题更具有隐晦性和灵活性，可以引发读者的好奇心和思考。例如：《世界上有两种东西是无法挽回的》。

4）提问式标题。提问式标题常以问号作为结尾，相当于直接和用户进行沟通对话，引发用户思考。例如：《7 大手机充电误区，你中了几招？》。

5）合集式标题。合集式标题是指在标题上对文章内容进行汇总，直接在标题上写出具体数字，是一种常见的标题写法。合集式标题通常能给用户带来价值感，具有较强的说服力。例如：《推荐收藏，10 个微信公众号标题写法分享给你》。

6）命令式标题。命令式标题是一种通过利用用户的恐惧、好奇心理，制造压迫感，从而促使读者点击阅读的方式。例如：《看到这条彩信千万别点！已有数万手机用户中招》。

除了使用上述的写作形式，还可以通过在标题中添加独特的格式吸引受众。例如，使用竖线"｜"或方头括号"【】"作为分隔符，将品牌或产品名称、归纳的要点、文案的分类标签或自己设计的个性化标签等作为关键词，与标题内容前后分开。这样可以更好地打造微信公众号的个性化风格，并强化受众对品牌或产品的印象，如图 3-18 所示。

（3）正文设计。正文是文案打动受众的关键，微信公众号应当发布原创内容或转载他人的优秀文章。尽管原创内容创作难度较大，但粉丝的忠诚度较高。在创作原创内容时，可以借助近期热点事件来策划选题，例如民俗节日、新兴网络节日、考试季、毕业季等，同时也可以根据受众需求来选取生活实用技巧、生活感悟、福利活动等题材。

（4）摘要设计。摘要是位于文案封面图下面的简短文字，其作用是引导受众点击并阅读文案，如图 3-19 所示。一般来说，摘要的内容要根据标题拟定。

新书推荐1｜《SketchUp+TArch 建模基础教程（第三版）》
阅读41 赞2

新书推荐2｜《Photoshop CC图像处理项目化教程》
阅读29

新书推荐3｜《Photoshop 图形图像处理技术（第二版）》
阅读42

封面图 ——

标题 —— Prost！沉浸式德式盛宴来袭！这场啤酒节让我省下了去慕尼黑的机票！？

摘要 —— 一起来嗨「啤」金秋！

图 3-18　标题中添加符号作分隔　　　　　　　图 3-19　摘要

（5）视觉设计。文案具有优秀的视觉效果是吸引受众关注的重要方法，常见的视觉设计主要通过调整配色和排版的方法达到视觉效果。

一般来说，公众号文章正文的配图宽度应尽量在 500 像素以上，每张配图的宽度要保持一致，并且上传后要自适应手机屏幕，整体色调风格尽量一致，给人舒适的阅读体验。

正文字体大小建议设置为 14~16 像素，字体过大或过小都会影响用户的阅读体验。段落标题的字体大小建议设置为 20 像素，可以用不同的颜色来加以突出，但要简短、精要，这样更能体现文章的层次感。一篇公众号文章的字体颜色种类最多不要超过 3 种，并且要保持颜色的整体协调性，避免用户在阅读时产生视觉疲劳。公众号文章正文的段落间距建议设置为 1.75 像素，正文两端缩进的距离一般设置为 8 像素，因为一些全屏手机无边框，所以要避免手指遮挡影响阅读效果。段落首行前面无须空两格，段落间可空一行，每个段落的长度尽量不要超过手机屏幕的长度，并且要适当加入图片，图文配合，美化版面。

项目实训

双十一化妆品促销广告文案设计

◎ 项目要求

本项目要求根据商品的基本信息，从新媒体广告文案的特点、写作要求、写作技巧等角度进行分析，撰写一篇双十一化妆品促销广告文案。要求文案主题明确，突出双十一促销活动特点，并搭配相应的图片，展现良好的视觉效果。

◎ 项目目的

本项目将撰写一篇比较具有代表性的电商广告文案，以帮助读者了解和掌握电商促销活动广告文案的切入角度，巩固新媒体广告文案的知识，掌握文案的创作思路与写作方法。

◎ 项目分析

双十一作为电商大型营销活动之一，主要是为年轻消费群体打造的独特购物体验。通过历年销售数据分析，双十一的消费主力军主要集中在"80后""90后"和"00后"三个年龄段。其中，"90后"和"00后"消费者逐渐成为主导力量，他们在购物决策上更加自主和个性化。此外，女性消费者仍然占据主导地位，男性消费者的比例也在逐年上升。本项目所针对的目标人群是女性群体。这个群体更加注重品质、使用体验和个性化需求。因此，本项目中的广告文案重点突出商品的成分、功能、使用效果及促销信息等，并搭配图片展示商品卖点与促销折扣，鼓励女性消费者购买该商品。效果如图3-20所示。

图3-20　海报页面参考效果

◎ 项目思路

本项目从新媒体广告文案的特点、写作要求、写作技巧等角度进行分析，再结合具体项目要求进行写作。其思路如下。

（1）新媒体广告文案的特点。电商广告文案是新媒体文案的一种类型，因此也需要具备新媒体广告文案的特点。本项目中商品的背景是在"双十一购物狂欢节"活动中进行，因此其文案设计要突出促销折扣力度和商品卖点，还要符合女性消费群体定位，以此体现新媒体广告定位精准、具有吸引力和实效性的特点。

（2）新媒体广告文案的写作要求。本项目中的广告画面应用于移动端、PC端电商平台，尺寸有限，因此，文案应简明扼要、通俗易懂，以保证在有限的画面中充分展示商品和广告信息。

（3）新媒体广告文案的写作技巧。为了能够让消费者第一眼准确了解到该广告的信息，本项目的文案标题应与一些吸引消费者注意的高频词相结合，如"满……赠""限时"等，同时还要能满足消费者对视觉画面美感的要求。从写作方法来说，采用直接表述和特点突出法是电商促销类广告最常用的方式，直接展示出折扣信息和商品特点会加深消费者对该商品的记忆，从而促进购买。

◎ **项目实施**

微课：项目实施

◉ 思考与练习

（1）简述新媒体广告文案的写作流程与写作要点。

（2）谈谈设计人员应该如何提高自己的广告文案写作水平。

（3）为国产品牌——比亚迪宋 PLUS 新能源汽车设计微信广告文案，要求突出产品卖点，符合微信广告文案写作特点。

（4）请结合本章所学的知识，分析图 3-21 所示广告文案的类型与写作技巧。

图 3-21　广告文案

第4章 新媒体广告的设计要素

学习引导

学习目标	知识目标	（1）了解新媒体广告色彩的属性； （2）了解新媒体广告文字设计的要求； （3）了解新媒体广告常用的图像格式； （4）了解新媒体广告的版式设计原则
	能力目标	能够在新媒体广告中正确运用色彩、文字、图像、版式要素
	素质目标	（1）培养良好的画面分析能力； （2）培养独立思考的能力； （3）培养严谨的工作作风和良好的设计能力
实训项目		规划水果电商 Banner 页面； 规划电商双十一活动页面

章前导读

　　新媒体广告是由文字、图像、色彩等传统广告基本要素及声音、视频、交互信息等新的要素构成的，形式更加丰富多样。新媒体广告不仅继承了传统广告的优势，而且顺应了时代发展的趋势，具有独特的魅力。

4.1　新媒体广告的色彩设计

微课：新媒体广告的色彩设计

　　色彩在视觉传达中具有显著的影响力，能够为消费者带来深刻的印象。优秀的色彩设计对于产品与品牌的成功具有不可忽视的作用。色彩设计可以激发消费者的情感共鸣，塑造品牌形象并影响购买决策，在竞争激烈的市场环境中为企业增加重要的竞争优势。

4.1.1　色彩的属性

　　色彩是突出广告特点与风格、传达情感与思想的主要途径。目前，人们视觉所能感知的所有色彩现象都具有色相、明度和纯度三个重要属性。

1. 色相

色相是色彩的外观特征，是对色彩进行分类和命名的总称。它作为区分色彩之间的依据，与色彩的波长有直接关系。红、橙、黄、绿、蓝、紫是色彩体系中最基本的色相，分别代表了不同特性的色彩相貌。这些基本色相之间以及它们之间的过渡色形成了 12 色相环。在色相环中，红色是波长最长的颜色，紫色是波长最短的颜色。设计人员可以通过色相环中的色彩搭配，制作出视觉效果丰富的广告。图 4-1 所示为十二色相环。

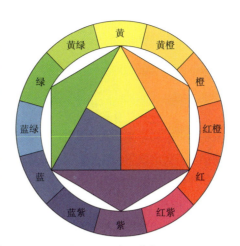

图 4-1　十二色相环

2. 明度

明度是指色彩的明暗程度，是将色彩按亮度进行划分的形式。色彩的明度变化取决于光的反射强度，越亮的色彩明度越高，越暗的色彩明度越低，明度的变化能为画面带来更为独特的画面氛围。色彩的明度会在视觉上产生轻重感，明度较低的色彩，如黑色、棕色、深蓝色等，给人沉重、稳定的感觉，明度较高的色彩，如白色、明黄色、粉色等，给人轻快、灵活的感觉。图 4-2 所示为色彩明度较高的新媒体广告。

3. 纯度

纯度是指色彩的鲜艳程度，也称色彩的饱和度、彩鲜度。同一色相中，纯度的变化会给人不同的视觉感受。高纯度的色彩会给人一种鲜艳、视觉冲击力强的感觉，而低纯度的色彩会给人一种静谧、优雅、舒适的感觉。为了让广告的视觉效果更加突出，设计人员在进行新媒体广告设计时可以将纯度与明度搭配使用，给消费者带来和谐的视觉感受。图 4-3 所示为色彩纯度较高的新媒体广告。

图 4-2　高明度新媒体广告

图 4-3　高纯度新媒体广告

4.1.2　色彩的情感与象征意义

色彩作为一种物理现象，本身不具备任何情感或性格。然而，当色彩通过人的视觉神经传达到大脑时，会产生心理反应。结合人类的生活经验，色彩被赋予了不同的情感和性格。因此，色彩成为富有活力的物质后，能够传达人的喜怒哀乐。此外，色彩在不同社会和文化背景下的象征意义也有所不同。

在新媒体广告设计中，合理运用色的情感与象征意义可以增强广告的感染力，并对消费者的心理和行为产生影响。

1. 红色

红色在光谱中具有最长的波长，具有极强的穿透力和视觉吸引力。在设计中，红色既可以作为主色调使用，也可以作为点缀色使用，能够产生强烈的视觉感染力。红色寓意热情、活力、光明、高贵、华丽、奢华和吉祥，但同时也象征恐怖、警示、鲜血和暴力。在中国人的观念中，中国红代表了喜庆和吉祥，体现了中国古典高贵的文化特色和人文气息。在需要营造活跃氛围的电商类（美食、美妆、服装、运动、节日促销）以及新闻资讯类产品界面中，红色经常被使用。

2. 黄色

黄色是一种具有高辨识度的色彩，能够迅速吸引他人的注意力，被视为最明亮的色彩之一。它象征着光明和希望，充满朝气，具有通透和轻快的特质。在设计中，黄色被广泛运用，可以代表预警提示、突出强调、勾起食欲以及增加快乐氛围等。在电商领域或针对年轻人的产品界面设计中，黄色常被用于体现食欲、青春活力以及时尚潮流等元素。

3. 橙色

橙色通常被认为具有亲切、活力四射的感觉，能够增加食欲并激发消费者的购买欲望。此外，橙色还代表温暖、阳光、健康和欢乐，因此在餐饮、社会服务和电商等设计领域中经常被使用。

4. 绿色

绿色波长适中，是人眼最为适应的色光之一，属于中性色相。其对人的心理和生理作用较为温和，因此被广泛认为是一种具有积极影响的颜色。绿色是大自然中植物的色彩，代表健康、安全、生命力和青春。因此，绿色被广泛认为是"环保色"和"和平色"。设计师经常使用绿色来传达环保、健康的理念。绿色是一种自然美丽且非常受欢迎的色相，常用于健康、农业、运动、公益环保类新媒体广告中。

5. 蓝色

蓝色通常被视为代表冷静、诚实和科技感的色彩，同时也是一种视觉上令人感到舒适的色彩。它能够给人带来自由和平静的感觉。因此，在科技资讯、医疗健康、电子产品、旅游航空等类别的新媒体广告中，蓝色常被用作背景色或主要色调，以传达出稳重、专业和理性的形象。

6. 紫色

紫色在有彩色中明度最低，由暖色系的红色和冷色系的蓝色混合而成，具有神秘、有灵性的象征意义，同时给人高贵、优雅的印象。这种颜色常见于女性、艺术、创意、娱乐、奢侈品等类别的新媒体广告中。

7. 白色

白色象征纯洁、神圣与雅致，展现出纯净无瑕的色彩特质。由于其无彩色的特性，白色能够与任何色彩形成和谐的搭配，因此在网页、平面、UI 设计等领域中常被用作背景色。同时，白色在汽车、饰品、化妆品、服装等新媒体广告领域中也有广泛应用，彰显出清新、简约的风格特点。

8. 黑色

黑色是一种无彩色，不具备色相和纯度，因此给人一种严肃、神秘、含蓄和高端的视觉印象。作为时尚领域的重要元素之一，黑色与各种色彩都能和谐搭配，因此一直位于时尚的前沿。在科技、汽车、饰品、电子产品等新媒体领域，黑色通常被用于塑造高端的视觉效果。

4.1.3　色彩的对比与搭配

色彩的对比与搭配在新媒体广告中起着至关重要的作用，能够创造出丰富多样的视觉效果，从而塑造出独特的品牌形象和风格。

1. 色彩的对比

在新媒体广告设计中，色彩的对比主要有色相对比、明度对比和纯度对比三种形式。

（1）色相对比。色相对比是指两种以上色彩组合后，由于色相差别而形成的色彩对比效果。其对比强弱程度取决于色相之间在色相环上的距离（角度），距离（角度）越小对比越弱，反之则对比越强。如图 4-4 所示的百度 App 广告，蓝色、红色各占整个画面的 1/2，色彩对比鲜明，凸显文字信息，增强了广告的视觉效果。

（2）明度对比。明度对比是利用色彩的明暗程度形成对比。恰当的明度对比有利于增加广告画面的层次感。通常情况下，强明度对比可以使画面清晰、明快；弱明度对比会使画面显得和谐、统一。如图 4-5 所示，左图为强明度对比，通过黑色、白色、肤色等明度差别较大的颜色进行搭配，形成对比强烈、主次分明的视觉效果，凸显商品高贵的品质。右图为弱明度对比，采用黄色、橙色、白色等一系列浅色进行搭配，明度统一、画面和谐，传递出商品温和、甜蜜的特点。

（3）纯度对比。纯度对比是利用色彩纯度的强弱形成对比。纯度对比越弱，画面冲击力也越弱，画面效果较温和，适合长时间和近距离观看；纯度对比越强，画面越明朗富有生气，画面表达越直观。不同的纯度对比可以强化画面视觉的前后关系和主次关系，平衡画面的视觉感受，突出主体物的表达。如图 4-6 所示，通过高纯度的黄色、绿色对比，广告画面彰显出独特的色彩个性。

图 4-4 色相对比　　　　　图 4-5 明度对比　　　　　图 4-6 纯度对比

2. 色彩的搭配

在新媒体广告中，常见的色彩搭配有单色搭配、邻近色搭配、互补色搭配等。

（1）单色搭配。单色搭配是指在整个搭配中仅使用一种色系的色彩，通过调整色彩的饱和度和明度来营造视觉上的层次感。这种搭配方式通常将同一色彩贯穿整个画面，且这个色彩通常与品牌形象相关。单色搭配的视觉风格整体感强，能够给用户留下统一、协调的印象。如图 4-7 所示，旅游 App 的界面效果，整个界面贯穿了绿色一种色相，仅通过调整绿色的明度和纯度来适应不同的场景需求，产品格调令人记忆深刻。

（2）邻近色搭配。邻近色是色相环中距离接近的颜色，如红与橙、橙与黄、黄与绿、绿与蓝等。邻近色搭配由主色和邻近色组成，可以在同一个色调中构建出丰富的视觉层次感和质感。如图 4-8 所示，京东健康 App 选择与绿色临近的黄色和蓝色作为辅助色，赋予不同的功能含义，信息表达明确，具有一定的视觉上的趣味性。

（3）互补色搭配。互补色搭配是色彩表达中最具有视觉震撼力的色彩搭配，运用得当会产生深刻的色彩形象记忆。互补色由于在色相环上相距最远，色彩差异最大，色彩对比很强烈，合理的搭配往往会产生强烈的视觉冲击力。常用的基础互补色有红与绿、蓝与橙、紫与黄。在使用互补色搭配时，设计师需要遵循大调和、小对比的原则，即将一种颜色大面积使用，再将其对比色局部使用。如图 4-9 所示，紫色、红色分别作为界面的主色，黄色、橙色、绿色作为辅助色应用于不同的图标、标签，既保持了互补色搭配强烈的对比效果，又使界面区域划分清晰、主次信息直观明了，有助于用户便捷、高效地浏览、使用产品。

图 4-7　单色搭配

图 4-8　邻近色搭配

图 4-9　互补色搭配

> **知识扩展**
>
> 　　新媒体广告的色彩搭配并不是随心所欲的，而是需要遵循一定的比例与流程。色彩搭配的黄金比例为"70∶25∶5"，即主色占总画面的 70%、辅助色占 25%、点缀色占 5%。

4.1.4　新媒体广告色彩的运用技巧

　　色彩对人类视觉思维的影响力显著超过造型，因此成为影响观察和感知的重要因素。色彩能够直观地展现产品的特性和气质，因此对于新媒体广告设计师而言，巧妙运用色彩具有极其重要的意义。

1. 控制色彩数量

　　色彩在设计中对用户情绪和行为的影响至关重要，因此在设计过程中必须注重色彩的主次关系。在色彩搭配方面，设计界普遍遵循"色不过三"的原则，即在一个页面中应尽量使用不超过三种颜色搭配，以免色彩过于杂乱，影响用户的视觉体验。

2. 遵循色彩心理学

　　色彩对于人类情绪和行为具有显著的影响。红色通常使人联想到生命、热情、自信和力量，它能够激发人们的积极情绪和活力。绿色常常与健康、生命、青春和自然相联系，它能够带来宁静和放松的感觉。蓝色则与科技、未来相关联，它能够激发人们的创新思维和前瞻性。

　　了解色彩心理学知识对于设计工作具有重要的指导意义。设计师可以通过合理运用不同色彩来营造特定的氛围和效果，从而影响受众的情绪和行为。这有助于提升设计的实用性和审美性的平衡，为设计提供更加科学和合理的依据。

3. 从大自然中获得灵感

　　大自然拥有世界上最美丽的颜色，以自然为灵感，提取自然界的色彩运用到设计中，可以呈现出和谐的美感，从而触动消费者的内心。

4. 良好的可读性

　　广告的设计需要注重可读性，以便为用户提供清晰的主次和层次内容。设计师在关注视觉美感的同时，应合理运用色彩搭配，以确保广告的可读性。

4.2　新媒体广告的文字设计

随着新媒体技术的蓬勃发展，文字设计在广告传播中起到的作用日趋明显。设计人员不仅要掌握传统文字设计的基本技巧，还要具备在新媒体环境中合理、有效利用文字的能力。

4.2.1　新媒体广告的文字特点

新媒体使文字由静态转向多维动态空间效果，突破了二维静止的局限，使文字实现了自由变形、多样变形、多样构成的多维空间效果。

微课：新媒体广告的
文字设计

1. 不受印刷因素的限制，创作更自由

数字技术的发展使文字和媒体之间的关系发生变化。在过去，书籍、报纸、杂志、海报等平面媒体是受众接收信息的主要途径。如今，手机、计算机、网络电视将信息通过终端屏幕显示出来，设计人员可以根据不同媒体的差异性进行文字设计。平面和屏幕是两种截然不同的媒体，文字的表现形式看似相同，实则差异很大，通过屏幕显示出来的文字不再受印刷因素的限制，设计人员可以更加自由地创作。

2. 可设计多维动态文字

文字在书籍、报纸、杂志等传统媒体中是静态的书面文字，而在新媒体中，它成为可以动态显示的"活"的文字。人们在新媒体中获取的文字信息更加容易被接受，且更具感染力。静态文字注重文字设计的创意和变形美感，动态文字更注重运动元素和时间维度，文字设计在新媒体时代已经发展到了多维空间。

3. 文字信息的双向传播

在传统平面媒体中，受众接受信息的方式是单向的，通过印刷画面、文字编排被动地接受信息。现在，受众可以享受到新媒体技术带来的功能，参与文字信息的加工处理和发布过程，并在这一过程中发挥越来越重要的作用。人与人之间的信息交互操作变得更加高效、快捷，在这个过程中，传播者会成为受众，受众也会成为传播者。

4. 文字阅读方式由线性向非线性转化

由于印刷画面限制等因素，传统平面媒体发展得较为缓慢，文字阅读主要采用线性文本方式。而在新媒体中，文字阅读的方式转化为在数字媒体上采用的非线性文本方式，其表现形式从传统的线性文本发展至超文本，一条链接中包含多条交叉链接，在阅读过程中受众可以对已有的问题进行多层级查询。

4.2.2　新媒体广告的文字运用

新媒体广告的文字运用十分广泛，可根据广告的需求来选择不同的文字，使广告的信息展示更加直观，便于消费者理解和接受。

1. 文字字体的选择

设计人员在选择广告字体时，要根据品牌的风格和商品的特点进行设计，以更好地体现广告主题，向消费者准确传达出商品的设计理念和营销内容。新媒体广告中常用的字体包括黑体、宋体、楷体、书法体、艺术体、英文体等类型。

（1）黑体。黑体又称方体或等线体，没有衬线装饰，字形端庄，笔画横平竖直，粗细一致。黑体字商业气息浓厚，常用于广告的主标题。除黑体之外，新媒体广告中常用的还有思源黑体、方正黑体简体、方正大黑简体等，如图 4-10 所示。

（2）宋体。宋体是比较传统的字体，其字形方正、纤细，结构严谨，笔画横平竖直，末尾有装饰，整体给人一种秀气端庄、舒适醒目的感觉，宋体类的字体有很多，如华文系列宋体、方正雅宋系列宋体、汉仪系列宋体等，可用于新媒体广告的标题或正文，如图 4-11 所示。

（3）楷体。楷体在新媒体广告中的应用非常广泛。由于其笔笔分明、坚实有力的特点，能够清晰地传达广告信息，使受众更容易理解和记忆。同时，楷体流畅自然的特点也使它在广告中具有很好的视觉效果，能够吸引受众的注意力。在新媒体广告中，楷体被广泛应用于标题、正文、标语等各个部分，如图 4-12 所示。

（4）书法体。书法体是指那些具有独特书法风格的字体，主要包括隶书、行书、草书、篆书及楷书等。这些字体蕴含深厚的文化内涵，其字形灵活多变，且在书写过程中展现出独特的顿挫感，给人一种古朴典雅的视觉体验。在新媒体广告中，书法体常被用来传递古典文化的氛围，展现古朴的意境，从而提升广告的视觉效果和文化内涵，如图 4-13 所示。

图 4-10　黑体　　　图 4-11　宋体　　　图 4-12　楷体　　　图 4-13　书法体

（5）艺术体。艺术体是一些非常规的特殊字体，其笔画和结构大都进行过形象化处理。它常用于制作商品海报或设计模板的标题部分，可提升设计感。常用的艺术体有国潮体、娃娃体、汉鼎体、花体等，在新媒体广告中使用艺术体类的字体，可以美化广告、提升广告的艺术品位、聚焦消费者，如图 4-14 所示。

（6）英文体。英文体常分为衬线体和无衬线体两种类型。衬线体容易识别，它强调了每个字母笔画的开始和结束，易读性较高。在需要整文阅读的情况下，适合使用衬线体进行排版，有利于用户的顺畅阅读。Didot、Bodoni、Century、Computer Modern 等字体均属于衬线体，如图 4-15 所示。无衬线体是指西文中没有衬线的字体，与汉字字体中的黑体相对应，较为醒目。Adobe Jenson、Janson、Garamond 等字体均属于无衬线体，如图 4-16 所示。

2. 文字的对齐方式

在设计工作中，文字的选择和排列方式对于构建视觉效果和营造情感氛围具有重要意义。文字对齐方式的不同，可以创造出活泼、安静或严肃等不同的情感氛围。一般来说，文字对齐方式包括齐左式、齐右式、居中对齐式、左右均齐式和文字绕图式等。这些不同的对齐方式可以有效地帮助设计人员传达不同的设计意图和信息。

（1）齐左式。将每段文字的首行进行左侧对齐排列，使左侧的行首产生一条垂直的线，而右侧则呈现出不同长短的错落效果。齐左式的文字符合受众的阅读习惯，使版面在结构上形成参差不齐的视觉效果，给广告画面带来一种节奏感，如图 4-17 所示。

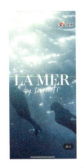

图 4-14　艺术体　图 4-15　衬线体　图 4-16　无衬
线体

图 4-17　齐左式

（2）齐右式。与齐左式相反，齐右式是指每段文字的结尾在右端进行对齐排列，使右侧的行尾产生一条垂直的线，而左侧则呈现出长短不一的参差效果。齐右式的编排方式在视觉上有违人们正常的阅读习惯，但能营造出别样的版面效果，不适合文字信息很多的版面编排，如图 4-18 所示。

（3）居中对齐式。居中对齐式是指将广告两侧文字整齐地向中间集中，使整个文字都整齐地显示在中间，具有突出重点、集中视线的作用，可以牢牢抓住消费者的眼球，使广告传达的信息一目了然，如图 4-19 所示。

（4）左右均齐式。左右均齐式是指两端对齐的排列方式，采用这种方式排列的文字在每一行从左到右的长度是相等的，展现的文字段落呈现出规整的方块状，能够给人整齐、端正的印象，广告的视觉重心更加集中、稳定，如图 4-20 所示。

（5）文字绕图式。文字绕图式是编排组合中较为特殊的文字整合方式，是指文字沿着图形或图案的外轮廓进行编排，使图文形成良好的互动关系，同时也使画面在整体结构和形式上变得更加生动、具体。绕图编排的文字能够在很大程度上削弱文字版面带来的枯燥感，因此能够提升版面的整体趣味性，如图 4-21 所示。

图 4-18　齐右式　　图 4-19　居中对齐式　　图 4-20　左右均齐式　　图 4-21　文字绕图式

4.2.3　新媒体广告文字的创意方法

在新媒体广告设计中，文字的创意表现不只是简单地进行字形上的变化与装饰，而是运用创新的思维和方法，来探索文字的个体或组合形态。

（1）立体空间。立体空间是把广告文字按照立体结构设计，通过颜色差异、虚实、线面等方式形成空间感和立体感，从而提升整体画面的设计感，如图 4-22 所示。

（2）色彩叠加。运用色彩叠加的方式可以将多种不同的色彩统一到一个色彩体系中，这种叠加并不一定要非常清晰和准确，但要求整个设计呈现出更具风格的一面。很多新媒体广告设计都会采用高饱和度的色彩来进行叠加，以增强文字与图像内容的对比，如图 4-23 所示。

（3）扭动变形。文字扭动变形可以产生动态感和律动感，提升文字的装饰性，如图 4-24 所示。需要注意的是，文字扭动变形不能影响其识别性和阅读性。

（4）蒙版穿透。设计人员、用户、消费者、买主、浏览者可以通过蒙版穿透的设计方式，将简单的文字和背景进行穿透融合。这种方法既能提升背景的层次感，又让文字变得更有设计感，如图 4-25 所示。

图 4-22　立体空间　　　图 4-23　色彩叠加　　　图 4-24　扭动变形　　　图 4-25　蒙版穿透

（5）重复排列。对文字进行重复排列，不仅可以使文字具有张力和一定的速度感、放射性，还可以使整个画面如同向四周展开的波纹，产生延续性，如图 4-26 所示。

（6）虚实结合。虚实结合通过运用线、面和阴阳的对比，创造出独特的视觉效果。在文字设计中，通过对文字进行虚实的艺术处理，可以使画面产生一种留白和空间感，从而让受众产生更深的印象，如图 4-27 所示。

（7）拉伸文字。采用拉伸变形的处理手法可以让文字更有张力，渲染广告画面的整体氛围，如图 4-28 所示。

（8）底纹肌理。将文字作为底纹肌理呈现在广告画面中，可以辅助传达一定的文案信息，加深消费者对广告文案的记忆，如图 4-29 所示。

图 4-26　重复排列　　　图 4-27　虚实结合　　　图 4-28　拉伸文字　　　图 4-29　底纹肌理

4.3　新媒体广告的图像设计

在现代社会，人们更加倾向于选择简单、直接、通俗易懂的大众文化。其中，"读图"是一种直接、便捷的方式，能够快速获取强烈的视觉信息，满足人们的情感体验和心理宣泄需求，因此得到了受众的高度认同和普遍欢迎。

在新媒体广告中，图像是非常重要的一个元素。它不仅是将内容诉求视觉化的主要手段，还是吸引受众注意力、传递信息的重要方式。从图像的范围来看，既包括用外部器材直接捕捉的影像，也包括利用技术手段编辑创作而成的数字影像。

与文字、色彩语言相比，图像语言具有真实、直观、生动的优势。它能够直接地传达信息，让受众更加容易理解和接受。同时，图像的表达方式也十分丰富，可以包含大量的信息，让观众在短时间内获得更多的视觉体验。

微课：新媒体广告的图像设计

4.3.1　新媒体广告的图像类型

在新媒体广告设计中，根据图像的特点和用途，可以分为以下几种类型。

（1）照片类。这种图片拍摄于现实生活中，具有真实、自然、传达事实的特点，一般被用于报道新闻、宣传活动、展示产品等方面。

（2）插画类。插画是通过手绘或计算机绘图等方式制作的图像，常常具有卡通风格或艺术风格，能更好地表现出情感、故事性和想象力，广泛应用于各种文化创意领域。

（3）图标类。图标是一种用于指示和代表具体事物的简洁、明快的标志性图形，一般配合文字使用，被广泛运用于 UI 设计、网页设计、App 设计、交通标志等场景。

（4）模型类。模型类图片使用 3D 建模技术制作，可以展示出更加立体、形象的效果，通常在建筑设计、工业设计、游戏设计等领域使用。

（5）平面设计类。平面设计类图片具有强烈的视觉冲击力和艺术感，通常采用平面设计技法、抽象表现手法、色彩等元素来表现主题，常用于海报、广告、宣传单等设计领域。

> （知）（识）（扩）（展）
>
> 不同类型的图片都有各自的特点和应用场景，在设计中的处理方式也不尽相同。因此，在进行新媒体视觉设计时需要根据具体的情况和需求选择适当的图片类型，并有针对性地进行处理和运用。

4.3.2　静态图像广告

静态图像广告是使用静态图片作为广告的主要内容，包含标题、文本和链接等元素。静态图像广告通常以单个图片形式展示，适合展示产品、服务或品牌形象。其内容一般比较固定，常见于网页设计、UI 设计、公众号设计中。静态图像广告的优点是能让消费者捕捉到清晰的广告信息，常见的图片格式包括 JPEG、PNG 和 GIF 等，如图 4-30 所示。

为了提高广告的质量和效果，使用静态图像时需考虑以下几点：

（1）使用高质量的图片。确保图片清晰、有吸引力。

（2）将文本嵌入图片中。如果需要在广告中添加标题或主要信息，可以将文本直接嵌入图片中。需要注意投放平台对于图片广告的文本比例。

图 4-30　静态图像广告

（3）测试不同的图片版本。可以尝试使用不同的图片版本进行广告测试，以确定哪种图片对目标受众更具吸引力。

（4）符合广告主题和品牌形象。确保图片与广告主题和品牌形象相符，能够传达正确的信息和价值观。

4.3.3　动态图像广告

新媒体广告更多的是以动态的形式进行展现。动态图像广告具有增加代入感、体现差异化的特点。

1. 动态化平面广告

动态化平面广告是一种通过连续播放多幅静态图片来呈现动画效果的广告形式，也被称为"GIF 广告"。它可以为品牌提供更具吸引力和娱乐性的广告内容，并且能够与受众产生更为互动的联系。动态化平面广告具有视觉丰富、画面视觉层次感多样的特点，能快速吸引消费者进行查看与转发，加深消费者的记忆。设计人员在设计动态化平面广告时可以利用图形元素的移动、变形，色彩的不同变化，以及画面版式的空间构成等来进行呈现，表现丰富的视觉想象空间。动态化平面广告的展现形式较多，如动态海报、动态Logo 等。图 4-31 所示为背景和标题呈现动态图像的海报。

2. 短视频广告

以短视频形式进行投放的广告即短视频广告，一般出现在各种社交、短视频和新闻资讯类 App 中。几分钟之内甚至是只有几秒的短视频，可以较高的频率推送给用户，包含知识分享、创意广告、社会热点、流行时尚等风格主题，能够给消费者带来更直观的视觉感受。短视频广告通常以自动播放或用户点击后播放的形式呈现，适合展示产品的使用场景、品牌故事或宣传片等。常见的短视频格式包括 MP4、MOV 和 AVI 等，如图 4-32 所示。

图 4-31　动态图像广告

3.H5 广告

H5 广告是指利用 HTML5 技术所实现的互动式广告形式，主要是在移动端中进行传播，具有强烈的传播性和互动性。随着互联网的发展，H5 广告在功能上实现了巨大突破，其中包含了视频、音频、互动等多种形式，无须依赖第三方插件，具有极强的兼容性，能够适应包括 PC（Personal Computer，个人计算机）、MAC（Macintosh，苹果计算机）、iPhone（美国苹果公司研发的智能手机系列）和 Android（安卓，美国谷歌公司开发的移动操作系统）等电子设备平台。H5 广告集视听、图像于一体，既有静态的展示效果又有动态的图像效果，提升了视觉、听觉、触觉等感官体验，也让广告的宣传与推广都极富创意性。图 4-33 所示为纽百伦官方 H5 广告《匠心》。

图 4-32　短视频广告

图 4-33　H5 广告《匠心》

为了提高广告的质量和效果，使用动态图像时需考虑以下几点：

（1）图像内容。确保图像内容有足够的吸引力，能够吸引用户的注意力并传达正确的信息。

（2）图像字幕。如果视频图像中有重要的文本信息，可以添加字幕，以确保用户在静音或无法听到声音的情况下也能理解广告的内容。

（3）测试不同的图像版本。可以尝试使用不同的图像版本进行广告测试，以确定哪种视频对目标受众更具吸引力。

（4）符合广告主题和品牌形象。确保视频与广告主题和品牌形象相符，能够传达正确的信息和价值观。

4.4　新媒体广告的版式设计

版式设计是视觉传达专业最重要的板块之一，在新媒体环境下，版式设计要在传统设计的基础之上，结合新的媒介形式，将图像、文字、色彩等元素进行有效组合，更好地向消费者展现广告信息。

微课：新媒体广告的
版式设计

4.4.1　新媒体版式设计的概念

"版式设计"一词来源于英文"layout"，其中"lay"是指放置，"out"是指展示出来。大众通常接触的各种载体中放置的内容主要是图形、图片、文字、色彩要素。如何展示和组织起这些要素，达到良好的传达效果，需要掌握一些版式设计的原理和方法。

版式设计是设计领域一个十分重要的环节，它既需要设计师对相关设计软件和设计元素有一定的把握，又需要设计师能够综合运用这些要素，按照设计需求，进行组织、排列、整合。优秀的版式设计不仅视觉传达效果好，而且能够提高读者的阅读兴趣，帮助读者在阅读浏览的过程中轻松愉悦地获取信息。

新媒体版式设计是指针对新媒介（H5、UI 界面、网页设计、VR 等）为载体展开设计调度，将静态、动态、文字、色彩、音频等构成要素，按照一定的审美规律，结合设计的具体特点和使用目的来布局，并使其成为一个整体而进行信息传递的过程。

4.4.2　新媒体广告版式设计应遵循的原则

新媒体广告版式设计不仅起着突出广告信息的作用，而且能使消费者从中获得视觉上的享受。为了使广告画面获得更好的视觉效果，达到提升品牌形象、促进商品销售、传播价值理念等目的，新媒体广告的版式设计需要遵循以下四个原则。

1. 对比原则

对比原则是指为避免画面上的元素太过相似，通过不同的设计使元素呈现出差别性，如采用色彩对比、图文对比、大小对比、动静对比等方式。缺乏对比，作品会变得平淡乏味并且不能有效地传递信息。在设计上，一方面是增加对比能突出视觉重点，有助于消费者对广告的接受，增加画面的可读性；另一方面是增强视觉效果，吸引消费者注意广告内容，如图 4-34 所示。

图 4-34　文字动静对比

2. 对齐原则

对齐原则是通过画面中元素之间的视觉连接来创建秩序，使画面条理、统一，便于消费者获取重要信息。任何元素都不能在版面上随意安放。每一项都应当与页面上的某个内容存在某种视觉联系。一方面，利用对齐，符合用户的视觉惯性，降低用户的阅读负担；另一方面，利用不同的对齐形式，能有效组织信息，让页面规整有序、严谨美观，如图 4-35 所示。

3. 重复原则

重复原则是让设计中的视觉要素在画面中重复出现，它可以是广告画面中的任意一个视觉元素，如符号、线条、大小格式、设计风格、排版方式、空间关系、字体、色彩等，其形式较为平稳、规律，具有强烈的形式美感，如图 4-36 所示。

4. 亲密性原则

亲密性原则是指将彼此相关的项适当靠近，归组在一起。如果多个项相互之间存在很近的亲密性，它们就会形成一个视觉单元，而不是多个孤立的元素。这有助于组织信息，减少混乱，为读者提供清晰的结构，如图 4-37 所示。

图 4-35　对齐原则　　　　　图 4-36　重复原则　　　　　图 4-37　亲密性原则

4.4.3　新媒体广告的基本版型

新媒体广告的基本版型有满版型、分割型、自由型、倾斜型和曲线型等，每一种版型都有各自的特点和用途。

1. 满版型版式设计

满版型版式在大多数情况下以图片为主，将图片穿插于文字中并使其充满整个版面，在视觉上更直观，表现强烈，常用于静态广告设计中，如图 4-38 所示。

2. 分割型版式设计

分割是指对版面进行调整或重新分配。分割型版式主要分为左右分割、上下分割两种，通常运用图片或色块对版面进行划分。分割型版式在视觉上一般具有强烈的反差效果，常用于网页设计、小程序设计、UI 设计、电商详情页设计等，如图 4-39 所示。

3. 自由型版式设计

自由型版式设计是一种不规则的版面设计方式，画面较为活泼、不受约束，常用于 App 开屏广告、Banner 海报、网幅广告等，如图 4-40 所示。

图 4-38　满版型版式

4. 倾斜型版式设计

倾斜型版式设计可以造成版面强烈的动势和不稳定性，引人注目，常用于网页设计、UI 界面设计等，如图 4-41 所示。

5. 曲线型版式设计

同一版面中的文字和图片在排列结构上形成曲线型的趋势，能够使版面产生自由灵活、优美的效果。采用曲线分割的版面设计具有一定的趣味性，引导人们的视线随着画面上元素的自由走向而变化。其常用于电商海报、界面设计等，如图 4-42 所示。

图 4-39　分割型版式

图 4-40　自由型版式

图 4-41　倾斜型版式

图 4-42　曲线型版式

项目实训

项目 1　规划水果电商 Banner 页面

微课：规划水果电商
Banner 页面

◎ **项目要求**

本项目要求运用本章所学的知识进行水果电商海报的构建，并掌握其设计构思方法。

◎ **项目目的**

本项目的目的是运用新媒体设计思维规划一张水果电商海报。通过该实例对新媒体广告的色彩、文字、图片、版式等相关知识进行巩固。图 4-43 所示即设计过程中用到的辅助素材。

◎ **项目分析**

本项目的辅助素材为生鲜水果，可先根据该商品的属性来确定海报的整体色调、构图，然后收集素材进行整合，选择合适的文字来填充画面，使画面主题突出，吸引消费者的视线。图 4-44 所示即本项目的参考示例，读者可参考本项目的方法进行海报页面分析。

图 4-43　水果电商 Banner 素材　　　　　图 4-44　水果电商 Banner 参考示例

◎ **项目思路**

本项目中水果电商海报页面的规划主要从确定色彩方案、文字规划、图片规划及构图四个方面来进行。

项目思路

项目 2　规划电商双十一活动页面

◎ **项目要求**

本项目将为某店铺规划双十一活动页面，要求以间隔色进行色彩搭配，以分割法构图进行页面规划，体现出活动的氛围与折扣信息。

◎ **项目目的**

本项目运用新媒体设计思维对某店铺的双十一活动页面进行规划，其目的是让读者可根据此思路举一反三，掌握类似活动页面的规划方法。

◎ **项目分析**

本项目要求对某店铺的双十一活动页面进行规划。为了突出促销氛围，可使用红黄、黄蓝、绿紫、绿橙、紫橙、蓝红等间隔色进行色彩搭配，并添加其他明度较高的颜色（如黄色）来点缀页面，提高页面的整体亮度。在页面构图上，可以使用分割构图的方式，并注意按照活动优惠信息的高低来进行排序。图 4-45 所示为最终效果。

◎ **项目思路**

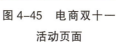

图 4-45　电商双十一活动页面

微课：规划电商双十一活动页面

项目思路

⊙ 思考与练习

（1）列举几个单色、邻近色和互补色的色彩搭配设计案例。

（2）简述新媒体广告版面设计的基本原则。

（3）分析图 4-46 所示新媒体广告的色彩搭配、图像、文字、版式设计方案。

图 4-46　新媒体广告图片

第5章　新媒体广告创意

学习目标	知识目标	（1）了解新媒体广告的创意原则； （2）了解新媒体广告的创意类型； （3）了解新媒体广告的创意思维； （4）掌握新媒体广告的创意方法
	能力目标	（1）能够分析新媒体广告的创意表现； （2）能够运用新媒体创意思维设计电商海报
	素质目标	（1）培养创意思维的能力； （2）培养爱祖国、爱家乡的情怀
实训项目		护肤品广告的创意表现分析； 中秋节电商创意海报设计

章前导读

　　在现代广告运作体制中，创意居于中心，是广告之眼，是广告的生命和灵魂。广告大师奥格威说："要吸引消费者的注意力，同时让他们来买你的产品，非要有好的点子不可；除非你的广告有好的点子，不然它就像快被黑夜吞噬的船只。"奥格威所说的"好的点子"即创意。

微课：广告创意概述

5.1　广告创意概述

　　广告创意是广告传播的核心和灵魂。创意决定了广告的吸引力、影响力和传播效果。一个优秀的广告创意能够突破受众的认知防线，激发情感共鸣，引起关注和记忆，从而实现品牌形象的塑造和产品销售的推动。此外，创意还能在竞争激烈的市场中凸显品牌特色，提升品牌价值和市场竞争力。

5.1.1　广告创意的含义

　　"广告创意"是广告活动中最吸引人的一个环节，同时也是广告活动中最难以描述和阐释的环节。一直以来，许多广告大师都试图解释广告创意的本质，他们从不同的角度谈到对广告创意的理解。例如，美国著名的广告创意指导戈登·E·怀特将创意比喻成广告策划中的 X 因子，强调广告创意发挥的效力是不确定的，由于它具有的不确定性，使创意成为影响广告策划的重要因素。美国广告大师詹姆斯·韦伯·扬在 20 世纪 60 年代提出"旧元素，新组合"，可谓对"创意"的一个经典的诠释。他认为，创意不过是将一些司空见惯的元素以意想不到的方式展现给消费者，从而令消费者和品牌之间建立某种关系。美国广告大师李奥·贝纳认为，"所谓创意的真正关键是如何运用有关的、可信的、品调高的方式，同与以前无关的事物之间建立一种新的、有意义的关系的艺术，而这种新的关系可以把商品某种新鲜的见解表现出来"。李奥·贝纳提醒了广告人，广告创意不等于夸张声势或哗众取宠，运用可信的、品调高的方式是产生好创意的前提。美国的权威广告专业杂志《广告时代》也曾经这样总结道："广告创意是一种控制工作，广告创意是为别人陪嫁，而非自己出嫁，优秀的创意人深知此道，他们在熟识商品、市场销售计划等多种信息的基础上，发展并赢得广告运动，这就是广告创意的真正内涵。"

　　同样把广告创意视为一种"过程"或"活动"的还有中国科学院心理研究所马谋超，他指出："创意与构思可视为同义语。广告创意是依据确定的广告主题进行整体的构思活动。"中国传媒大学的丁俊杰教授对广告创意的理解也有极大的启示意义，他将广告创意概括为一个公式：广告创意 = 创异 + 创益。所谓创异，就是与众不同，广告创意首先要做到形成差异，避免模仿。但创意不能单纯地追求与众不同，更应该追求效益，广告活动毕竟是商业活动，若是不能为企业带来效益，广告也就失去了其存在的价值。

　　综合了中外广告大师与学者对于广告创意的阐释，这里将广告创意理解为：广告创意是创意人员在对市场、商品和广告对象进行研究、分析的前提下，根据广告主的营销目标，以广告策划为基础，运用各种有效的艺术手法传达广告信息的创造性思考过程和创作过程。

　　新媒体广告是一种新型广告形式，但它同样强调广告创意的重要作用。随着网络新技术的开发和应用，新媒体广告的形式越来越丰富，然而大部分却存在点击率不高的情况。广告设计人员需要认识到，尽管新媒体广告具备多种优势，但如果缺乏独特的创意，只会成为让人眼花缭乱的视听干扰。因此，在新媒体技术下，同样要重视广告创意的开发和运用，只有好的广告创意才能使广告作品以更生动、形象的形式进行信息传达，激发消费者的兴趣，达到提升品牌形象和商品营销的目的。

5.1.2　新媒体广告的创意原则

　　创意不是简单的感官刺激，是通过遵循各种创意原则传达出更为深刻的广告含义。在诸多广告创意中，独创性、互动性、简洁性、即时性是最基本的原则。

1. 独创性原则

　　独创性是广告创新思维中的首要特征，也是展现广告创意的关键，创意过程中独具一格的思维特点就是创新思维的独创性。独创性的创意设计在表达方式上着眼于个体，通过个体特殊的形象来反映事物的共性，揭示客观的本质与规律。例如一汽大众－奥迪 Q5L 以"进展自由"作为产品全新主张，在中国贵州发布了裸眼 3D 崖壁投影广告。在发布会上，利用 3D MApping 技术，在 1 万平方米的天然崖壁上，依次呈现出魔性扭动的高楼、一泻千里的瀑布、一跃而起的鲸鱼、分崩离析的岩石、辽阔无边的宇宙和冲出屏幕的全新奥迪 Q5L。通过对以上元素创意组合，配合强烈的视听效果，奥迪 Q5L 突破城市空间、突破自然法则、突破想象边界，创造了一场充满想象力的视听享受。奥迪 Q5L 上市的裸眼 3D 崖壁投影广告荣获年度最具独创价值奖、中国 4A 创意金印奖铜奖，如图 5-1 所示。

图 5-1　奥迪 Q5L 裸眼 3D 崖壁投影广告

此外，创意独创性也需要与广告的目标和受众需求相结合，深入了解产品或服务的特点，抓住受众的心理需求和情感共鸣点，从而创作出具有独特个性和创新思维的广告作品。

2. 互动性原则

网络与新媒体技术提供了双向交流的便利性，互动性成为新媒体广告区别于传统媒体广告的显著特征。受众不再只是广告信息的浏览者，他们可以即时地参与其中，且参与方式多种多样。新媒体广告的互动性大大提高了受众对广告的好感度，也使广告获得了良好的传播效果。对于广告创意而言，互动性的实现有两个重要的基础。

（1）提供有趣的信息。在新媒体广告中，信息与受众的互动需要受众的主动参与。如果广告信息不能引起受众的兴趣，或者对受众缺乏吸引力，就很难刺激受众主动参与。因此，广告创意人员必须在充分了解受众的基础上，用创意将广告信息包装起来，着重展现其具有趣味性和娱乐性的一面，让受众的好奇心、期待感在参与互动后得到充分释放，从而使受众对广告信息产生深刻的印象。

（2）提供具备即时性的双向沟通。互动性是指受众与信息之间的双向交流，它涵盖了信息的发布、接收及反馈等环节。对于信息的发布、接受及反馈，都需要展现出即时性的特点。一旦在某个环节出现滞后现象，就可能会对整个信息流动的过程产生影响，进而降低受众参与互动的意愿。广告策划人员在策划新媒体广告创意时，应注意选择适当的渠道，为受众提供即时且有趣的双向交流机会，并给予反馈的可能性。例如，腾讯新闻在 2019 年国庆前夕推出"迎国庆换新颜——请在我的头像 @ 腾讯官方加一面五星红旗"线上活动，体现了良好的互动性原则。微信用户只需要上传头像即可生成一张加国旗的新头像，此活动一推出便引发大量用户热情互动、踊跃参与，很多人朋友圈跟风 @ 微信官方，请给我的头像加面国旗。据官方页面显示，至活动截止超过 1.4 亿人参与了该活动，如图 5-2 所示。

3. 简洁性原则

相较于传统媒体的信息传播量，新媒体环境下的受众面临着海量信息的包围，这使受众的注意广度逐渐缩小。同时，受众还需要将注意力分配到不同的信息上，难以保证对单个信息的关注时间。新媒体广告面临的一个重要问题是受众能够给予的注意力非常有限，因此，新媒体广告的创意必须具有简洁性的特点。

新媒体广告的简洁性原则要求广告创意人员尽可能简化广告主题，提炼核心，表达关键思想，做到表达信息简明扼要、画面重点一目了然、创意本身易于理解，广告才更容易被受众注意，如图 5-3 所示。

图 5-2　互动性原则广告

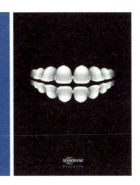

图 5-3　简洁性原则广告

4. 即时性原则

受诸多因素的影响，传统广告从调查到投放往往有很长的时间跨度，进程缓慢，因此传统广告的时效性不强，甚至还会有延时性。在新媒体平台上，信息发布相对自由，并且网络和数字技术保证了信息的即时传递，移动端又满足了受众各种碎片化的信息接受需求。这些优势既给了新媒体广告创意更多可发挥的空间，又要求新媒体广告要突出即时性的特点。即时性是指广告创意可以与社会上最新的信息、动态结合起来。这些最新的信息、动态往往已经积累了一定的注意力和关注度，或者已经形成了话题效应，受众的参与热情极高。当广告创意围绕这些热点展开时，受众对热点的参与热情自然会延续到新媒体广告上，其对广告的注意力和关注度也会维持在相对较高的程度。例如，作为双奥赞助商的青岛啤酒于 2022 年北京冬奥会期间，在各大电商平台上推出了冰雪罐系列产

品。此系列广告正是运用了即时性原则获得了良好的社会效应和经济效益。冰雪罐系列包含了 15 种不同设计的罐装外观，上面印有 15 种冬奥雪上竞技项目，例如短道速滑、钢架雪车、花样滑冰等。每一个剪影上方都有中英双语小字注解，用于科普冬奥知识，传达奥运精神，如图 5-4 所示。

图 5-4　即时性原则广告

5.1.3　新媒体广告的创意类型

1. 故事型

故事型广告创意借助故事内容展开，在其中贯穿有关品牌产品的特征或信息，借以加深受众的印象。由于故事本身具有自我说明的特性，因此易于被受众了解，使受众与广告内容发生连带关系。利用故事型广告创意，尤其是具有煽动性的故事情节，往往容易打动人心。故事情节可以给广告更为广阔的创意空间，可以表达更为充沛和饱满的情感和内容。在采用故事型广告创意时，对于人物选定、事件起始、情节跌宕都要做全面的统筹，以使在短暂的时间里和特定的故事中，宣传出有效的广告主题。图 5-5 所示为荣耀手机故事型创意广告系列，主题为六一童年梦境，广告采用活泼醒目的字体、简洁生动的儿童绘画将产品自然嵌入，勾起童年的回忆。

2. 对比型

对比型广告创意是以直接的方式，将品牌产品或服务进行优劣比较，以凸显其产品或服务优于

或异于竞争对手，从而引起消费者注意和选择。对比要在相同的基础或条件下进行，可以是针对某一品牌进行对比，也可以是对普遍存在的各种同类产品进行对比，内容的出发点最好是消费者关心的热点问题，这样更容易获得消费者认同。

在进行对比型广告创意时，要注意有关法律法规以及行业规章，具备社会责任感和社会道德意识，避免给人不正当竞争之感。如图 5-6 所示，京东针对淘宝双 11 快递慢的不好体验，推出"双11，怎能用慢递？"的广告，突出京东快捷、方便的物流服务。

图 5-5　故事型广告

图 5-6　对比型广告

知识扩展

　　设计人员在制作对比型广告时，切忌编造、传播虚假信息或者误导性信息，损害竞争对手的商业信誉、商品声誉。这种贬低其他经营者商品或服务的行为违反新广告法中的规定。

3. 夸张型

夸张型广告创意以客观真实为基础，对商品的特征加以合理的渲染，以达到突出商品本质与特征的目的。采用夸张型手法不仅可以吸引受众的注意，还可以取得较好的艺术效果。

夸张是从一般中追求新奇变化，通过虚构把对象的特点和个性中美的方面进行夸大，赋予人们一种新奇与变化的情趣。夸张手法的运用为广告设计的艺术美注入了浓郁的感情色彩，使产品的特征更加鲜明、突出。图 5-7 所示为某口香糖品牌采用夸张的场景营造出产品卖点。

4. 证言型

广告主常用的一种营销策略是让代言人推荐广告中的品牌，而不是单纯地提供信息，这种广告被称为证言型广告。证言型广告的价值在于代言人对品牌的权威性代表，能够对消费者产生深刻的影响。这种广告通常会以代言人的个人经历、故事或者生活经验为切入点，通过讲述自己的亲身经历展示产品的好处和价值。

证言型广告的优点在于其权威性和可信度较高，能够有效地传递产

图 5-7　夸张型广告

品的个性和利益。但是，代言人的选择和表现也会直接影响广告的效果。因此，在制作证言型广告时，需要选择与品牌形象相符的代言人，并确保他们在广告中的表现能够有效地传递产品的个性和利益。

　　证言型广告分为三种形式，如图 5-8 所示。

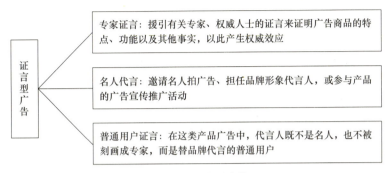

图 5-8　证言型广告

5. 拟人型

　　拟人型广告是以一种带有人格化特征的形象表现商品的广告创意。这种类型的广告创意可以使商品的形象生动、具体，给受众留下鲜明深刻的印象，同时还可以用浅显常见的事物对深奥的道理加以说明，帮助受众加深理解。如图 5-9 所示，该广告为"华为荣耀 8"青春版手机宣传广告。设计人员将荣耀手机的外观作拟人化表现，并以人的口吻进行自述，趣味化展示荣耀手机的核心卖点，如轻巧、容量大等，赋予了荣耀手机人的特征，拉近与消费者的亲近感。

图 5-9　拟人型广告

6. 联想型

　　联想是指客观事物的不同联系反映在人的大脑里而形成心理现象的联系，它是由一事物的经验引起回忆看似不相关联的另一事物的经验的过程。

　　引发联想的途径多种多样，可以是在时间或空间上接近的事物之间产生联想；在性质上或特点上相反的事物之间产生联想；在形状或内容上相似的事物之间产生联想；在逻辑上有某种因果关系的事物之间产生联想。联想主要可以概括为接近联想、类似联想、对比联想和因果联想。例如，由合着的嘴巴联想到紧闭的大门，由正在抽烟的嘴联想到汽车排气筒、工厂的高烟囱等。图 5-10 所示为方太油烟机广告，引导消费者由油烟机联想到爱情，引起消费者的情感共鸣。

图 5-10　联想型广告

7. 直接展示型

　　直接展示型以诉求广告商品的客观情况为核心，表现商品的现实性和真实性本质，以达到突出商品优势的目的，它是一种常见的新媒体广告创意表现形式。设计人员通常会通过写实的手法将商品的质感、形态和功能用途表现出来，给消费者一种真实感，使消费者对所宣传的商品产生亲切感和信任感。

　　运用直接展示型广告创意时，要重点突出商品的品牌和商品的特点与优势，借用色彩、图案等元素烘托氛围，从而增强广告的视觉冲击力。图 5-11 所示广告展示了防晒霜商品的真实图片，在设计上采用商品外包装作为主图，再运用文案与装饰图案展现商品的特色功能与价格优势，让画面美观且具有视觉吸引力，激发消费者的购买欲望。

图 5-11　直接展示型广告

知识扩展

　　设计人员在进行新媒体广告制作时，要注意广告的创意形式需要从商品或品牌本身的真实特点出发，不能夸大其词，误导消费者。

5.2　新媒体广告的创意流程和思维方式

5.2.1　新媒体广告创意的流程

　　广告创意从调查研究、构思到最终形成并发布，需要经历四个阶段。

1. 创意准备阶段

　　收集资料是广告创意的前提，也是广告创意的第一阶段。这一阶段的核心是为广告创意收集、整理、分析信息、事实和材料。需要收集的资料有两部分：特定资料和一般资料。特定资料是指那些与创意密切相关的产品、服务、消费者及竞争者等方面的资料，这是广告创意的主要依据。设计人员必须对特定资料有全面而深刻的认识，才有可能发现产品或服务与目标消费者之间存在的某种特殊的关联性，才能产生创意。一般资料是指一切令设计人员感兴趣的日常琐事，也指设计人员个人必须具备的知识和信息，这是进行创意的基本条件。

微课：新媒体广告的
创意流程和思维方式

2. 创意分析阶段

创意分析阶段主要是对收集的资料进行分析、归纳和整理，从中找出商品或服务最具特色的地方，即找出广告的诉求点，再进一步找出最能吸引消费者的地方，即定位点，找到了定位点也就找到了广告创意的突破口。

分析阶段的具体工作有以下四项。

（1）列出广告商品与同类商品都具有的共同属性。

（2）分别列出广告商品和竞争商品的优势、劣势，通过对比分析，找出广告商品的竞争优势。

（3）列出广告商品的竞争优势带给消费者的种种便利，即诉求点。

（4）找出消费者最关心、最迫切需要的要求，即定位点。

3. 创意思考阶段

创意思考阶段是广告创意的酝酿阶段，设计人员要深思熟虑，结合前期的工作，发挥创造力，对信息进行分析、综合、组织和理解，使创意变成具体的东西。

4. 创意验证阶段

创意验证阶段是发展广告创意的阶段。创意刚刚出现时，常常是模糊、碎片化的，需要仔细推敲并进行必要的调查和完善，将所获得的表象、感受和概念等纳入一定的模式进行整合和发挥，并借用语言、文字和凸显等形式表达出来，使之进一步明晰，成为符合实际情况的、系统的和完整的思维成果。

知识扩展

创意源于生活，生活中的一些不经意的细节可以在广告创意中得到很好的体现。广告创意是一项充分利用脑力智慧和精神意志的工作。广告创意的过程可以很漫长，充满曲折，也可以很短暂，在一瞬间灵光一现，充满乐趣。广告创意的过程对有些人来说可能很痛苦，因为它是要你"戴着镣铐起舞"，你绞尽脑汁，付出那么多，结果未必会如你所愿。但是对于一个有渊博的见识、丰富的阅历、机智的头脑、大胆的勇气及创新意识的人来说，创意就是信手拈来，创意的过程便是一种享受。

5.2.2　新媒体广告创意的思维方式

对旧元素进行新组合是广告创意的核心。广告创意的思维方式有很多，但必须以产品和品牌自身的基本信息为基础，结合市场需求和消费者的特点，发散思维，大胆创新。激发广告创意的方法主要可归纳为垂直思维法、水平思维法、逆向思维法、形象思维法、逻辑思维法、综合思维法。

1. 垂直思维法

垂直思维法又称直接思维法。它是按照一定的方向和路线，运用逻辑思维的方式，在一个固定的范围内，面向垂直方向进行的一种思考方法，被评价为最理想的思考法。其优点是比较稳妥，有一个较为明确的思考方向；其缺点是偏重于以往的经验、模式，只是对旧意识进行重版或改良。

垂直思维法的特征主要体现在思考的连续性和方向性上。思考的连续性是指思考从某一状态开始，直接进入相关的下一状态，如此循序渐进，直到解决问题，中间不允许中断。思考的方向性是指思考问题的思路或预先确定的框架不得随意改变。

2. 水平思维法

水平思维法不具有连续性和方向性，可以弥补垂直思维法的不足，克服垂直思维法所引起的头脑偏执和旧观念对人的思维的局限，进而有利于人们突破思维定式，转变旧观念，获得创造性构想。

爱德华·戴勃诺认为，平常人都习惯于以叠罗汉的方式一件一件地作累积式的思考。这就像在地面上挖洞一样，越挖越深，这就是垂直思维法。为了打破传统的单一方向的思考习惯，戴勃诺又提出一种新的思考方法，被称为水平思维法或横向思维法。水平思维法的主要用意在于打破定型化的思考模式，依靠"非连续式"及"为变而变"的横向思考而重新建构一种新概念、新创意。运用水平思维法，要注意以下四点：

（1）敢于打破占主导地位的观念，避免模仿，摆脱人们最常用的创意、表现方法等。

（2）多方位思考，提出对问题各种不同的新见解。

（3）善于摆脱旧意识、旧经验的约束。

（4）要抓住偶然一闪的构思，深入发掘新的意念。

3. 逆向思维法

在广告创意的过程中，逆向思维法往往是"反其道而行之"，它常常能打破心理定式，导致思维"突变"，以此获取让人意想不到的效果。

逆向思维也称求异思维，它是对司空见惯的、似乎已成定论的事物或观点反过来思考的一种思维模式，让思维向对立面的方向发展，从问题的相反方面深入地进行探索，树立新思想，创立新形象，巧用主客置换的方法点明主题。逆向思维打破了固定的思维方式，对传统、惯例进行挑战，克服思维定式，从事物的另一面认识和了解其属性，将人们忽略或反对的观念、方法运用在广告之中，以期达到设计的目的。这种逆向思维模式通常会得到出人意料的效果，带来耳目一新的感觉。

4. 形象思维法

形象思维是通过可感知的具体事物形象，运用联想、想象等方法把握事物的思维活动，它是以表象为材料进行的思维，同时也是通过事物的个别特征把握一般规律，从而创作出具有艺术美感的全新艺术形态，通过这种形象表现的方式揭示事物的本质属性和事物的结构关系等。形象思维过程中的形象已不仅仅是自然界和社会生活中客观存在的形象，它的产生往往离不开想象和联想。形象思维的形象性使它具有生动性、直观性和整体性的优点。与此同时，形象思维所反映的对象是事物的形象，通过意象、直观和想象等形象性的观念，经过一系列艺术的加工，使其成为思维模式中的一项高级形式。

5. 逻辑思维法

逻辑思维是指符合某种人为制定的思维规则和思维形式，同时也是指遵循传统形式的思维逻辑方式。逻辑思维是人脑的一种理性思维活动，通常被称为"抽象思维"或"闭上眼睛的思维"。在人脑的活动之中，感性认识阶段将获得的对于事物认识的信息和材料抽象成概念，再通过一定的逻辑关系，将这些概念经由判断、演绎、归纳等方式进行推理活动，获得理性的认识，从而产生新的认识，以揭示事物的本质。由此可见，逻辑思维具有规范、严密、确定和可重复的特点。

6. 综合思维法

综合思维法是把逻辑思维与形象思维两者结合起来运用。利用逻辑思维规范、严谨、准确的特点及形象思维生动、形象的优点，使两者相辅相成，既发挥了两者的长处，又弥补了两者的不足。在实际的广告创意之中，综合思维的运用手法因广告主题和广告表现内容而定，除了利用逻辑和形象的思维综合而来，也可以通过融合多种思维方式的模式表现。这种多种思维方式结合的综合思维模式敢于打破常规，是思维碰撞、智慧对接的一种表现形式，可以使设计从内容到形式都给人一种全新的感受，使广告更富有表现力。

5.3　新媒体广告的创意方法和表现技巧

5.3.1　新媒体广告的创意方法

从创意方法看，新媒体广告与传统媒体广告具有一脉相承的共通之处，例如，在广告构图、色彩运用、广告创意元素的选择上，都遵循广告创意的一般规律。同时，广告公司和广告主正在不断摸索基于新媒体特点的新的创意方法，其中如何发展交互性创意、精准化创意，以及如何与受众有效沟通是当前新媒体广告创意中的核心问题。

微课：新媒体广告的
创意方法和表现技巧

1. 交互创意法

寻求技术与媒体的有效融合互动性是新媒体区别于传统媒体的最大特点之一，相应地，能够激发受众进行参与和互动也是新媒体广告创意中的最大亮点。尤其是随着手机媒体的广泛使用，以手机为终端或纽带的互动性广告有了更加广阔的发展空间。在新媒体环境下，要创作出具有特色的、能够体现交互特性的创意，关键在于找到技术与媒体特色之间的融合点。

（1）手机媒体的交互创意。手机媒体虽然屏幕较小，但因其移动性、便携性及高用户黏性等特性，在交互广告创意方面具有得天独厚的优势。目前，手机广告的交互形式主要有电话直拨、优惠券下载、3D 体验、应用下载、AR、手机游戏等，受众可以通过支付宝"刮一刮"、手机"摇一摇"等形式获得新颖的体验。尤其是 HTML5 技术在手机广告方面的应用，使手机广告的交互和体验更加多样化，如图 5-12 所示。

图 5-12　手机媒体互动

（2）网络媒体的交互创意。对于网络媒体来说，其最大的特点是可承载的信息容量大，拥有广阔的广告表现空间。此外，鼠标和键盘的使用更便于受众输入较长的信息，完成一些较复杂的操作，如互动游戏等。因此，网络广告创意可以充分挖掘广告画面的表现力和冲击力，通过受众感兴趣的话题或者能够调动其视觉和听觉注意力的表现形式引导受众关注，进而使其产生点击行为，并在二级页面中通过多种互动环节的设置让受众融入其中。

（3）媒体间的融合。媒体融合是近年来的热门话题，广告创意中的媒体融合也变得越来越普遍。尤其是随着智能手机的普及，二维码、蓝牙、重力感应等技术的应用大大加快了不同媒体间广告创意融合的步伐。随着媒体间融合进程的加速，结合不同媒体的特点进行融合性的广告互动传播是未来广告创意的重要发展方向。

2. 精准创意法

对于传统媒体广告而言，广告创意策略会以一定的市场调查和产品分析为基础，但创意概念的产生大多源于感性认识和灵感突现，因此广告的艺术性常被提到一定的高度。在新媒体环境下，功能强大的客户管理系统，以及受众的购买反馈、网页浏览 Cookie 等留下了大量精准化的数据。这些数据经过科学计算方法的提炼和分析，可以为新媒体广告创意提供更多的科学依据，使精准化创意成为可能。广告创意的精准化主要体现在以下两个方面。

（1）创意诉求精准化。通过新媒体平台，广告创意人员往往可以比较轻易地获得诸如产品销售情况、受众评价、竞争对手情况等数据，然后充分利用数据分析的结果，为下一步制定广告策略、提炼广告诉求提供可靠的科学依据。

（2）广告创意与受众的匹配精准化。由于新媒体技术可以根据受众的浏览行为对受众进行多维度的分类，且新媒体广告发布技术的灵活性使对不同的受众发布不同形态的广告成为可能，因此广告创意人员应对相应的受众分类数据给予高度重视，根据受众类别分别创作符合其喜好和特征的精准广告。

3. 沟通创意法

广告作为发展用户关系的桥梁，以用户洞察为基础，以用户听得懂的语言、喜闻乐见的形式、乐于分享的内容发展创意，使广告取得良好的效果，进而建立用户关系。具体来说，广告创意人员可以通过以下几方面发掘能与用户有效沟通的创意。

（1）以用户研究为基础。新媒体广告用户既有明显的个性化差异，又有相对一致的群体性特征。对目标用户的个性特点、消费行为和心理需求进行深入研究，有助于发掘与其相匹配的创意。

（2）借势社会热点。在新媒体的信息传播环境中，媒介碎片化和信息爆炸使用户的注意力更为分散，但同时存在另一个现象，即每一个片刻、每一天都可能有几个热点事件通过朋友圈、社区论坛、媒体推送等方式发酵和传播，获得众多新媒体用户的共同关注，产生远超过传统媒体时代的关注度和影响力。因此，新媒体广告创意可以借助用户广泛关注的热点事件进行即时传播，以达到与用户产生共鸣的效果。

（3）寻找具有话题性的创意。由于新媒体具有转发和分享的便利性，因此广告创意人员可以发掘可能激发用户分享热情的具有话题性的创意，通过用户的二次传播发挥更大的影响力。

（4）创意娱乐化。新媒体具有泛娱乐性，新媒体环境下的用户对具有个性化、趣味性、娱乐性的内容具有较强的敏感性。因此在广告创作中，广告创意人员尽量避免使用枯燥乏味的技术性语言，而采用简易、平实、符合目标受众语法体系和习惯的语言传达广告信息，还要注重广告创意的趣味性与故事性。

5.3.2 新媒体广告的创意表现技巧

新媒体广告的创意表现技巧是指通过一定的手法来制造与众不同的视觉效果，吸引更多的消费者，从而达到品牌传播与商品营销的目的。下面介绍四种常见的新媒体广告的创意表现技巧。

1. 明确广告的创意主题

广告的创意主题是指将广告所要传达的核心内容有创造性地表达出来。一个完整的广告创意主题应包含广告目的、广告信息和消费者心理三个要素。明确广告的创意主题能让消费者通过主题内容理解主题诉求。

（1）确定广告目的。广告目的是广告活动所要达到的最终目的，是广告所要传达的核心内容，广告目的一般与广告的创意策略相结合，是广告创意设计的具体体现。确定广告目的可以让广告的主题更加明确、新颖、重点突出。

（2）创新广告信息。广告信息主要是指广告中所体现的商品、服务和观念等主要内容，是广告主题创意展现的重点内容，一个创意的广告信息需要有自己独特的创新。创新广告信息可以从商品的个性特点和品牌形象两方面进行挖掘和分析。商品的个性特点包括商品独特卖点的广告语，如"农夫山泉"的广告语"农夫山泉有点甜"、"鸿星尔克"的广告语"你的能量超乎你的想象"等。品牌形象包括品牌的名称、包装、图案广告设计等多个方面，设计人员可在提升品牌形象的基础上进行创新设计。图 5-13 所示为三只松鼠的品牌形象广告，其中运用了游戏、视频等广告设计内容，并通过不同场景的品牌形象来创新广告信息，突出广告主题。

图 5-13　明确广告创意主题

（3）抓住消费者心理。消费者心理是指消费者所产生的心理活动。设计人员在设计互联网广告时可以将消费者心理与广告目的、广告信息相融合，重点突出商品的卖点、价值或利益，让广告的主题更加明确和突出。图 5-14 所示为 Redmi 小爱触屏音响广告，充分抓住消费者心理，既满足了消费者的功能利益，又满足了情感利益。

图 5-14　抓住消费者心理

2. 强调真实的用户体验

用户体验是指消费者在使用商品的过程中所产生的一种真实的体验，是消费者对于该商品的主观感受，也是互联网广告创意设计中比较重要的一个内容，要求设计人员在进行广告创意设计时以消费者为核心。强调真实的用户体验主要表现在两个方面：一是广告的风格与品牌形象或商品特征相统一，并且符合目标消费者的审美习惯；二是广告的互动体验强调实用性与舒适感，从而获得良好的用户体验度。图 5-15 所示为小米 10 "VR 云开箱"线上体验广告，为用户提供了一个新鲜有趣的观看体验渠道，用户可以在虚拟太空舱里体验小米新品手机的拍摄性能。

3. 注重创意氛围的营造

不同的氛围可以传达出不同的情境，在互联网广告中营造合适的氛围可以将消费者的情感带入特殊的情景中。设计人员在设计过程中，首先需要明确广告的创意主题与卖点，考虑目标消费者的个性特征，再利用色彩、造型、文字、构图、光线等元素，全面地展现广告的情景与氛围，营造出符合广告创意主题的氛围，如图 5-16 所示为人文历史纪录片《如果国宝会说话》的媒体端海报，通过光影、色彩、构图营造出了历史的氛围感。

图 5-15　强调用户体验

图 5-16　营造创意氛围

4. 结合多种创意表现形式

一个优秀的新媒体广告作品是多种创意表现形式的结合体。设计人员可以运用色彩、图像、版式等元素组合创意形式，如在互联网广告中以拟人的形式展示商品或服务，然后添加带有情感形式的文案，让广告作品更具感染力与表现力。图5-17所示为优酷平台的多种创意形式广告。

图 5-17　结合多种创意表现形式

项目实训

项目1　护肤品广告的创意表现分析

微课：护肤品广告的
创意表现分析

◎ **项目要求**

本项目要求根据本章所学的知识，对一组护肤品开屏广告进行深入分析。在分析过程中，需要从创意原则、创意思维和创意形式等多个角度进行探讨，以全面了解化妆品广告的创意要点。

◎ **项目目的**

通过本项目分析新媒体广告的创意原则表现、创意思维表现、创意形式表现等相关知识，巩固并掌握新媒体广告的创意方法，并能够根据本章所学的知识加深对其他广告设计形式的理解。

◎ **项目分析**

近年来，随着消费升级，居民对外貌的要求逐渐提高，对美、健康、自信的关注度也随之增加。这种趋势推动了美业市场的持续增长，同时也加剧了电商销售渠道的竞争。在这样的背景下，优质的护肤品广告设计显得尤为重要。

本项目对图5-18所示的化

图 5-18　护肤品开屏广告

妆品广告进行分析。为了进一步提升广告设计的创意与视觉吸引力，促进销售并提高品牌知名度，本项目采用联想的创意表现形式。在主体视觉上，将二十四节气插画与实物商品巧妙结合，既展现了品牌文化，也显示出品牌对传统文化的现代式解读。同时，文案创意采用诗歌形式，与唯美的画面相得益彰，引发消费者的情感共鸣。此外，广告下方还添加了店铺链接，消费者可点击店铺链接进入品牌旗舰店，与店铺进行互动。

◎ **项目思路**

项目 2 **中秋节电商创意海报设计**

◎ **项目要求**

本项目要求运用本章所学的知识，利用 Photoshop CC 设计一个中秋节电商广告页面，要求以新媒体广告创意的基本原则为基础，以平衡构图方式进行页面设计，页面体现出中式风格。

◎ **项目目的**

本项目将运用新媒体广告创意的基本原则，制作一个中秋节 Banner 页面。读者可通过本项目巩固新媒体广告创意思维表现、创意形式表现、创意方法表现等相关知识，掌握新媒体广告的创意方法，并能够根据本章所学的知识加深对其他广告创意形式的理解。图 5-19 所示为制作本项目所需的素材资料。

◎ **项目分析**

对于节日类 Banner 的创意设计而言，应重点突出节日活动主题，因此，在构思中秋节 Banner 页面的创意时，应围绕中秋节日氛围展开充分联想，构思如何搭建中国风意境场景及主商品月饼效果展示，组织相应的文案信息进行排版，与消费者产生共鸣。图 5-20 所示为效果展示。

图 5-19 项目素材

图 5-20 效果展示

◎ **项目思路**

在进行广告的设计前，可从新媒体广告的创意视觉表现、创意原则表现、创意形式表现、创意设计技巧进行分析。

（1）创意视觉表现。根据本项目要求的中式风格和海报主题，对月饼、月亮、人物、动物、灯笼、桂树、山水等与主题相关的设计元素进行整合，搭建月饼主体效果、中国风意境场景、文案组织和排版，进一步营造具有中秋节节日氛围的画面。

（2）创意原则表现。本项目是节日海报设计，因此要在创意上体现出即时性原则，紧贴中秋节活动时限，让受众感受到强烈的节日气氛。

（3）创意形式表现。本项目采用故事型的创意形式，将中秋节嫦娥奔月的神话故事再现在海报画面中，赋予广告美好的寓意，使消费者深入理解和感受中秋节的文化内涵。

（4）创意设计技巧。本项目运用沟通化创意技巧，以趣味性、娱乐性的内容吸引消费者注意，用感官调动消费者情感，让消费者对品牌产生良好的印象，进一步促成购买行为。

◎ **项目实施**

微课：项目实施

● **思考与练习** ·· ◉

（1）简述新媒体广告的创意原则。

（2）列举新媒体广告的创意方法及相应的表现技巧。

（3）以小罐茶微博广告为例，如图 5-21 所示，分析其中的创意类型和创意表现方法。

（4）运用新媒体创意思维为家乡特产设计一款电商海报，效果如图 5-22 所示。

图 5-21　小罐茶微博广告　　　　　　　图 5-22　特产类电商海报

第6章 | 短视频广告设计与制作

学习目标	知识目标	（1）了解短视频的主要类型； （2）掌握短视频设计制作的流程； （3）了解短视频的拍摄工具和应用平台； （4）掌握短视频的构图方法； （5）掌握短视频拍摄方法和后期处理方法
	能力目标	（1）能够对短视频进行合理构图； （2）能够拍摄短视频，并进行剪辑、发布； （3）能够使用"剪映"对短视频进行后期制作
	素质目标	（1）培养细致观察生活的能力； （2）培养对短视频行业的敏感性，提高沟通协调能力
实训项目		拍摄家乡特产水果类短视频； 家乡特产水果类短视频的后期处理

章前导读

　　伴随 5G 网络的普及，近几年，抖音、快手等短视频平台强势崛起，用户数量飞速增长，在移动互联网时代建立起强大的影响力。中国互联网络信息中心 2020 年 4 月发布的《第 45 次中国互联网络发展状况统计报告》指出，各种短视频 App 已成为手机用户较常访问的一类应用，在各类手机应用中的使用时长占比位居第三。与此同时，越来越多的商家和企业都通过短视频进行营销，并且取得了可观的效果。大量名人入驻短视频平台，也使短视频的营销价值飞速增长，各大公司纷纷将短视频平台纳入产业布局。

微课：短视频概述

6.1 短视频概述

　　随着移动互联网的普及和 5G 网络的加速推广，短视频成为一种受欢迎的新媒体形式，受到了广泛的关注和喜爱。在短视频平台上，用户可以通过上传、分享、点赞、评论等方式，与其他用户进行互动和交流。同时，短视频也成为企业和品牌进行营销推广的重要手段，通过短视频的创意和内容，吸引用户的关注和参与，提高品牌知名度和销售额。

6.1.1　短视频的概念

短视频是指在各种新媒体平台上播放的、适合在移动状态和短时状态下观看的、高频推送的视频内容，时长为几秒到几分钟。短视频内容融合了技能分享、幽默搞怪、时尚潮流、社会热点、街头采访、公益教育、广告创意、商业定制等主题。由于短视频内容较短，可以单独成片，也可以成为系列栏目。

6.1.2　短视频的特点

短视频是人们日常休闲娱乐、社交和信息交互的主要工具，深受用户喜爱，近年来短视频用户规模持续增长。中国互联网络信息中心（CNNIC）在京发布的第 52 次《中国互联网络发展状况统计报告》显示，截至 2023 年 6 月，我国网民规模达 10.79 亿人，在网民中，网络视频、短视频的用户规模稳居前三。由数据可知，短视频已经成为移动互联网主流形态之一。短视频具有以下七个主要特点。

1. 时长较短，碎片化浏览

短视频的内容时长较短，一般为 15 秒～ 5 分钟，内容简洁明了，有助于用户利用碎片化的时间接受其中的信息，并快速进入和离开。短视频简短、精练且相对完整的形式也非常适合新闻报道，有利于社会整体传播效率的提升。这既是目前网络时代的信息移动传播的必然趋势，也是用户的必然选择。

2. 内容多样，审美多元

短视频的内容表现形式多样，有社会热点、街头采访、公益教育、广告创意、商业定制，也有技能分享、时尚潮流、幽默搞怪等，符合用户个性化和多元化的审美需求。短视频在未来的发展中，将会更加个性化、灵活化、便捷化，成为人们获取信息、娱乐消遣、交流互动的重要方式之一。

3. 制作简单，生产大众化

短视频的拍摄与制作过程通常可以由单人独立完成，无须过多的专业设备和人工协助，仅需一部手机便可以完成短视频的拍摄、剪辑及发布等全部工作。短视频的时长较短，大部分用户通常在手机或平板计算机上观看，对拍摄的专业程度要求并不高。

短视频应用程序的设计主要面向普通用户，因此，程序内部提供了各种特效、拍摄模板及快速剪辑工具。这些工具操作简单、智能，用户可以轻松完成视频制作。

短视频非常适应网络时代用户时间碎片化的状态，用户通过手机或平板计算机等移动设备就可以实现随时随地拍摄、编辑及观看。短视频的内容呈现出制作简单、大众化生产的特点。

4. 传播迅速，裂变式分享

短视频的传播门槛较低，拥有多样化的传播渠道。短视频除在短视频平台上进行传播外，还可以通过微博、微信朋友圈或视频号等进行分享，从而汇聚更多的流量，不断扩大传播范围，实现短视频内容的裂变式分享。

5. 交互简单，社交性较强

短视频平台通常提供评论、点赞、分享等互动功能，用户可以通过这些功能与视频创作者进行互动。用户的评论和点赞可以为视频创作者提供反馈和支持，增加创作者的积极性和动力。受众的分享行为也有助于扩大视频的传播范围，提高创作者的影响力。

6. 观点鲜明，更易被接受

短视频包含的信息开门见山、观点鲜明、内容集中，容易吸引用户，并被用户理解与接受，信息传达更直接，用户接受度更高。

7. 目标精准，指向性更强

短视频平台通常会设置搜索框，并通过大数据优化搜索引擎，根据用户的搜索记录和浏览习惯不断推送类似内容。这一行为使短视频营销更加精准，可以使短视频准确地找到目标受众，使短视频营销的指向性更强。

6.1.3　短视频的类型

按照短视频的展现形式，短视频可以分为以下几种类型。

1. 娱乐剧情类

短视频的主要功能在于提供娱乐、缓解压力和放松心情，因此，娱乐剧情类短视频内容占据了很大的比例。这类短视频主要包括情景剧、脱口秀等，它们以贴近人们生活的方式进行拍摄，不仅能够让用户得到放松，还能激发用户的情感共鸣，如图 6-1 所示。

2. 技能分享类

技能分享类短视频为受众提供了学习新技能和知识的机会，可以满足不同领域和层次用户的学习需求。这些短视频通常由专业人士制作，内容涵盖认知技能、实践技能、社交技能各个方面，可以激发受众的学习兴趣和动力，为受众提供方便、高效、有趣的学习体验，如图 6-2 所示。

图 6-1　娱乐剧情类短视频　　　　　　　图 6-2　技能分享类短视频

3. 知识科普类

知识科普类短视频以各种知识输出为主，涵盖了科学、历史、文化、地理、生物、艺术等多个领域。这些短视频通常以通俗易懂的方式向受众传递知识，帮助受众更好地了解世界，提高受众的综合素质和认知水平，如图 6-3 所示。

4. 人物访谈类

人物访谈类短视频通过与他人的交流和互动，深入探讨各种话题，以引发受众的关注和热议。这种形式的短视频能够充分展现人物的个性和观点，使受众在观看过程中产生共鸣，进而促进短视频的传播和影响力。同时，访谈内容的多样性也能够满足不同受众的需求，使视频更具吸引力和影响力，如图 6-4 所示。

图 6-3 知识科普类短视频   图 6-4 人物访谈类短视频

5. 网红 IP 类

网红 IP 是指存在互联网上具有一定知名度和影响力的个人或品牌形象。这些网红 IP 通常通过社交媒体、短视频、直播等渠道与粉丝互动，并利用自己的影响力推广产品或服务。网红 IP 的商业价值在于能够吸引大量粉丝关注，并通过粉丝的口碑传播和购买行为创造商业价值。网红 IP 已经成为互联网营销领域的重要资源之一。网红 IP 大致可分为网红人物、网红产品、网红概念和网红作品（特指那些文学、影视、游戏等作品）四种。

以网红人物为例，大众熟知的有 Papi 酱、李子柒等。他们在网络上有较高的知名度和庞大的粉丝基数，能够转化为巨大的商业价值，如图 6-5 所示。

图 6-5 网红 IP 类短视频

6. 才艺展示类

短视频创作者可以通过视频展示各种个人才艺，包括唱歌、跳舞、演奏乐器、厨艺展示、健身运动以及各种绝活儿等。这些短视频不仅可以满足用户的求知欲和好奇心，而且具有很强的互动性，能够吸引大量用户进行模仿和学习。通过观看和学习这些短视频，用户可以发掘和培养自己的兴趣爱好，同时也可以提高自己的技能水平，如图 6-6 所示。

7. 创意剪辑类

创意剪辑类短视频通过重组和创造性的剪辑技巧，将各种视频素材融合在一起，添加音乐、视觉效果和配音文字，传达某种情感、主题或故事。这种类型的短视频具有鲜明的独创性和趣味性，在社交媒体平台上备受欢迎，成为许多年轻人展示创意和才华的一种方式，广告主也常采用这种形式植入原生广告，如图 6-7 所示。

图 6-6　才艺展示类短视频

图 6-7　创意剪辑类短视频

8. 人工合成类

人工合成类短视频是指利用人工智能技术代替真人出镜的视频制作方式。这种技术可以通过图像合成和语音合成等手段，实现虚拟人物的表演和对话。人工合成类短视频在影视制作、广告宣传等领域有广泛的应用前景，能够大大降低制作成本，提高制作效率，并且可以实现一些真人难以完成的特效和场景，如图 6-8 所示。

9. 文艺清新类

文艺清新类短视频主要针对文艺青年，多呈现生活、风景、文化、习俗、传统等内容，风格类似纪录片或微电影，画面文艺优美，色调清新淡雅。这类短视频的粉丝黏性较强，变现能力也较强，如图 6-9 所示。

图 6-8　人工合成类短视频

图 6-9　文艺清新类短视频

10. 温馨治愈类

温馨治愈类短视频是近年来非常受欢迎的一种视频类型。这类短视频主要凭借温馨、美好、有趣的画面吸引用户，内容多是家庭、宠物、自然等。这类短视频能够让人感到放松、愉悦，有助于缓解压力和焦虑情绪。同时，这类短视频也是一种很好的社交媒体营销方式，可以吸引更多的用户关注和分享，如图 6-10 所示。

11. 美妆时尚类

美妆时尚类短视频所定位的目标人群多为年轻女性，这类短视频的内容比较丰富，可以满足大部分消费者的需要，粉丝黏性也较高，比较适合推广美妆类商品，也拥有较高的变现率，如图 6-11 所示。

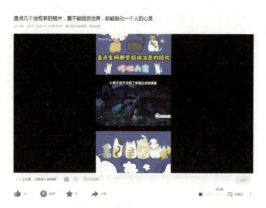

图 6-10　温馨治愈类短视频　　　　　　　　图 6-11　美妆时尚类短视频

6.1.4　短视频的主流平台

近几年，短视频的主流平台主要有抖音、快手、微信视频号、哔哩哔哩等，如图 6-12 所示。

图 6-12　短视频主流平台

1. 抖音

抖音是由字节跳动孵化的一款音乐创意短视频社交软件，自 2016 年 9 月上线，经过多年的发展，目前已经成为短视频领域的超级平台。据数据统计，2023 年抖音月活跃用户数超 7 亿，日活跃用户数高达 3.2 亿。与其他社交媒体不同，抖音是面向全年龄的短视频社区平台，任何年龄阶层的用户都可以在平台上进行自由选择、浏览或拍摄原创短视频。除最基本的浏览视频、录制视频的功能外，抖音还不断探索新的商业模式，推出了直播、电商等功能。随着自身品牌影响力日益增大，目前抖音已位居短视频平台首位。抖音具有以下特点：

（1）短视频分享。抖音的最大特点是短视频分享，用户可以制作 15 秒的短视频，分享自己的生活、才艺和爱好。短视频形式不仅方便快捷，而且容易被受众接受和喜欢。同时，短视频也非常适合移动端设备观看，可以随时随地进行观看和分享。

（2）UGC 模式。抖音采用用户生成内容（UGC）模式，让用户成为平台内容的创造者和传播者。用户可以上传自己的短视频，与粉丝互动，并与其他用户分享他们的短片。这种模式不仅提高了用户参与度和忠诚度，同时也为品牌和企业提供了更多的营销机会。

（3）AI 算法推荐。抖音采用人工智能（AI）算法推荐，根据用户的兴趣和偏好，为用户推荐更合适的内容和用户。这种推荐方式不仅提高了用户的观看体验和黏性，同时也为品牌和企业提供了更多的曝光和营销机会。

（4）社交功能。抖音除了短视频分享，还有社交功能，用户可以关注和互动其他用户，还可以发送私信和评论。这种社交功能不仅提高了用户的互动性和参与度，同时也为品牌和企业提供了更多的社交营销机会。

（5）多样化的内容。抖音的内容非常丰富，涵盖了各种主题和领域，如美食、旅游、音乐、时尚等。这种多样化的内容不仅吸引了不同领域的用户和粉丝，同时也为品牌和企业提供了更多的营销切入点。

（6）广告形式的创新。抖音的广告形式多种多样，根据不同的广告主需求和目标，可以选择不同的广告形式，如品牌推广、电商直播、抖音挑战赛等。这种创新提高了广告的转化率和效果，同时也为品牌和企业提供了更多的营销选择。例如，采取霸屏阅读模式，降低用户注意力被分散的概率；没有时间提示，用户在观看短视频时很容易忽略时间的流逝；默认打开"推荐"页面，用户只需用手指轻轻一划，系统就会播放下一条短视频，打造沉浸式娱乐体验；利用智能算法，基于用户过去的观看行为构建用户画像，形成个性化推荐机制。

2. 快手

快手是北京快手科技有限公司旗下的短视频软件，其前身是 GIF 快手。2012 年 11 月，GIF 快手从纯粹的应用工具转型为短视频社区，定位为记录和分享生活的平台，并于 2013 年正式更名为快手。后来，随着智能手机的普及和移动流量成本的下降，快手在 2015 年以后迎来快速发展。快手依靠短视频社区自身的用户和内容运营，聚焦于打造社区文化氛围，依靠社区内容的自发传播，促使用户数量不断增长。与抖音相比，快手具有以下特点：

（1）草根性。快手主要面向三、四线城市及广大农村群体，为这些"草根"群体提供直接展示自我的舞台。因此，与其他短视频平台和直播平台不同，在快手上占据主导地位的并非明星或者影响力巨大的"网红"，而是再普通不过的"草根"。

（2）原生态。快手希望给平台营造轻量级、休闲化的氛围，鼓励平台上的所有人表达自我、分享生活。

（3）算法决定优质内容。快手平台没有任何人工团队来影响内容推荐系统，完全依靠算法实现个性化推荐。快手设计的算法能理解视频内容、用户特征以及用户行为，包括内容浏览和互动历史，在分析上述信息的基础上，算法模型可以将内容和用户匹配在一起。

用户行为数据越多，推荐就越精确。通过算法推荐机制，所有用户和视频都有机会在"发现"页面中得到展示，即使是新用户也不例外。视频获得的点赞数越多，被机器选择的概率越大。通过分析用户以往的点击、观看和点赞历史，算法就可以实现个性推荐，根据用户此前的偏好提供"发现"页面中的内容。

（4）页面设计简洁、清爽。快手的页面设计简洁、易于操作，方便用户发布更多的原生态内容。主页中只有 3 个频道，分别是"关注""发现"和"同城"，最上方两侧分别是导航菜单按钮和摄像机图标。单击导航菜单按钮，用户可以使用更多的其他功能。

3. 微信视频号

微信视频号是腾讯公司官微于 2020 年 1 月 22 日正式宣布开启内测的平台。微信视频号的内容以图片和视频为主，内测时可发布长度不超过 1 分钟的视频或不超过 9 张的图片，并能带上文字和公众号文章链接，可直接在手机上发布，支持点赞、评论进行互动，也可转发到朋友圈、聊天场景。一个微信号可以创建一个视频号，企业或机构可以使用非私人微信号进行开通。微信视频号成为微信生态重要的链接板块，打通了原本零散的公众号、朋友圈、小程序、小商店、直播等产品矩阵，使其相互链接导流。以微信视频号为核心的微信生态形成了更强大的生态体系，为短视频营销带来新一波的红利。2020 年年底，微信视频号密集更新产品功能，已经完成短视频产品基建，形成初步内容生态体系及广告、电商带货、直播付费等商业模式。截至 2022 年 6 月，微信视频号已经拥有 8 亿日活跃用户数，用户日均使用时长为 35 分钟，微信月活跃用户数超过 12 亿，这意味着大多数的微信用户习惯每天打开微信视频号入口刷短视频。微信视频号具有以下特点：

（1）低门槛，短内容创作。微信视频号支持上传 60 秒短视频或 9 张图片，这为普通大众提供了一个创作短内容的平台，适应了大众对快节奏内容的需求。

（2）基于社交，认可度和传播方便。在视频号中，如果用户在视频中发消息，最先看到的是自己的好友，由于是熟人，本身比较信任，因此很容易会给予点赞。优质的内容会被打上标签，并且平台会根据每个人的喜好进行个性化推荐，优质的内容因此更容易得到官方的推荐，甚至有上热门的机会。

（3）视频播放特点。视频号播放没有暂停键，播到 1/3 处会有进度条显示。视频不能下载，默认第一帧为封面。

（4）后台功能强大。视频号每天可发多条视频，发视频时可插入话题、位置、公众号链接。其后台有名片、认证功能，认证分为个人和企业两种，个人认证需满足实名、发布一条视频和粉丝达到 100 人即可，企业认证则需要使用已认证的同名公众号为视频号认证。

4. 哔哩哔哩

哔哩哔哩又称 B 站，创建于 2009 年 6 月，现为国内年轻用户高度聚集的文化社区和视频平台。早期是一个 ACG（动画、漫画、游戏）内容创作与分享的视频网站。经过十年多的发展，围绕用户、创作者和内容，构建了一个源源不断产生优质内容的生态系统，哔哩哔哩已经成为涵盖 7 000 多个兴趣圈层的多元文化社区。哔哩哔哩主要业务包括直播、游戏、广告、电商、漫画、电竞。哔哩哔哩的特色是悬浮于视频上方的实时评论，即弹幕。弹幕可以给用户一种"实时互动"的错觉，用户可以在观看视频时发送弹幕，其他用户发送的弹幕也会同步出现在视频上方。弹幕能够构建出一种奇妙的共时性的关系，形成一种虚拟的部落式观影氛围，让哔哩哔哩成为极具互动分享和二次创造的文化社区。哔哩哔哩具有以下特点：

（1）ACGN 内容。平台覆盖面广，具有各种娱乐、休闲、社交等多种元素。这是其吸引用户的根本原因之一，也使用户群体复杂而多元。

（2）高度活跃的用户社区。该平台拥有非常高的用户黏性和参与度，这主要表现在用户评论、弹幕、分享等方面，形成了一个友善的社区环境。

（3）原创自制力量崛起。对内容的投入让平台的整体质量保持在高水平，同时也为整个 ACGN 行业提供了优质的内容支持。

（4）独特的充电计划。哔哩哔哩推出了一个充满特色的充电计划，允许粉丝为自己的喜欢 UP 主送上礼物，这是一种其他平台没有的文化表现形式。

（5）学习资源丰富。用户以在读学生和企事业白领为主，平均教育水平较高，拥有良好的教育资源和学习习惯，乐于提供丰富的知识和技能的视频资源互相学习交流。

（6）用户自制的节目与活动。用户自发组织的各类节目和线上线下活动也非常多，这也是该平台的一大特色。

（7）用户之间的交流互动性强。在哔哩哔哩上，用户之间的交流是非常重要的一个环节，大多数的视频后面都会跟着一条条的弹幕或评论，这些都是用户发表观点和表达自我的方式。

（8）高度的归属感。这主要体现在老用户对这个平台的感情会十分深厚，会对它产生强烈的依赖性及高度的认同感。

（9）高品质的直播体验。相比其他同类平台来说，它的直播间画面清晰度更高、主播数量更多，而且有许多热门的高人气 UP 主进行直播。这些特点都给受众带来了更好的观看效果和更优质的直播体验。

（10）弹幕评论系统。哔哩哔哩是国内首家引入弹幕评论系统的视频网站，这一技术给用户带来了全新的观影体验。弹幕是用户实时在视频中发送的评论，这些评论以滚动字幕的形式显示在视频播放器上方。通过弹幕评论，用户可以与其他受众实时互动，表达自己的看法和感受，增加了观看视频的趣味性和社交性。

（11）多样化的内容。哔哩哔哩不仅提供各种类型的视频，还提供大量的原创内容。其中，动画是哔哩哔哩最具特色和规模的板块之一。许多原创动画在这个平台上孕育并成长。此外，游戏、音乐、电影、电视剧等板块也有丰富的内容供用户选择。

（12）广泛的用户群体。哔哩哔哩的用户群体非常广泛，从小学生到职场人士，从国内到海外，都有大量的用户活跃于这个平台。这得益于哔哩哔哩对不同兴趣和需求的用户提供了相应的内容，并且通过推荐算法将适合用户口味的视频推送给他们，增加了用户的黏性和忠诚度。

（13）独特的文化氛围。哔哩哔哩形成了独特的文化氛围，即所谓的"B 站文化"。这种文化以极客、二次元、社交等元素为主导，吸引了一大批具有相同爱好和思想观念的年轻用户。在这里，用户可以找到属于自己的圈子，交流分享自己喜欢的事物，感受到归属感和认同感。

5. 其他

除上述平台之外，还有百度旗下的好看视频、全民小视频，受年轻女性喜爱的美拍视频等。各个平台都有各自的个性化功能，满足着用户多样化的产品使用需求，源源不断地为不同人群提供优质内容。

6.2　短视频设计制作流程

6.2.1　确定选题

确定选题是短视频制作流程的第一步，在进行选题策划时要遵循三个原则。第一，选题内容要坚持用户导向，以用户需求为前提。第二，选题内容要对用户有价值，能够满足用户需求，解决用户痛点。第三，选题内容要和账号定位相匹配，吸引精准用户，增加用户黏性。选题方法有以下四种。

微课：短视频设计
制作流程

1. 扩展、细化领域关键词

设计人员可以围绕确定的领域对关键词进行扩展和细化，从而形成系列化选题。例如，可以运用第 3 章介绍的九宫格思考法来对关键词进行扩展。首先将主题写在九宫格中央，然后把由主题引发的各种想法或联想写在其余的 8 个方格内。以创作阅读类短视频为例，将读书作为主题关键词进行扩展和细化，包括读书的作用、阅读技巧、书籍推荐、观点讨论、学科、写作、图书行业、阅读场景等，如图 6-13 所示，再围绕八个场景延伸出更细分的内容。

围绕领域关键词进行扩展和细化的选题方法可以帮助短视频创作者系列化地产出内容，扩展内容创意的范围，对用户形成长期的吸引力，大幅增强用户的黏性。

读书的作用	阅读技巧	书籍推荐
学科	读书	写作
观点讨论	图书行业	阅读场景

图 6-13　九宫格思考法示例

2. 结合热点确定选题

根据热点制作出来的短视频可以在短时间内获得高流量，快速提高短视频的播放量。设计人员要提升自身对网络热点的敏感度，善于捕捉并及时跟进热点。短视频创作者在结合热点进行选题时，要实时关注网络热点排行榜，如今日头条、抖音热榜、微博热搜、百度热搜等热点内容，如图 6-14 所示。

3. 搜索关键词

设计人员可以利用搜索引擎搜索关键词寻找选题，常用的搜索引擎有百度、微博搜索、微信搜一搜、头条搜索等，然后对收集的有效信息进行提取、整理、分析与总结，进而确定有价值的短视频选题。

4. 从评论区收集用户想法

评论是短视频创作者与用户有效交流的渠道，可以折射出用户的喜好、态度、问题等信息，这些都可以发掘为短视频的素材。因此，短视频创作者可以从自己的短视频账号评论或竞争对手账号评论中收集用户的想法，构思有价值的选题以增强短视频的互动性，丰富短视频的内容，如图 6-15 所示。

图 6-14　网络热搜平台

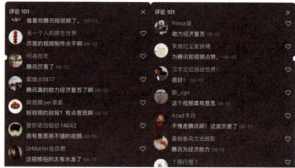

图 6-15　用户评论区

6.2.2　构思内容创意

在确定选题后，短视频创作者还要精心打造高质量的短视频内容，满足用户的观看需求，这样才有可能让短视频成为爆款。构思内容创意的方法如下。

1. 保证内容垂直化

如今短视频行业已经由粗放式的野蛮生长走向专业化的精耕细作，用户更愿意观看专业化和垂直化的优质内容。这就要求设计人员专注于某一垂直领域持续深耕，输出独特的内容，为用户提供有价值的信息，提高自身账号的辨识度，持续吸引该领域的目标用户，增强用户的黏性，构建更为稳固的用户群体模式。

2. 为用户提供价值

人们一般只关注对自身有价值的内容，设计人员在构思短视频时可以从四个方面为用户提供价值。

（1）提供知识。提供的知识要实用、易懂、便于实践。

（2）提供娱乐。提供的内容要有娱乐性，可以使用户心情放松，缓解压力。

（3）提供解决方案。能够针对用户在生活中遇到的问题提供合理的解决方案，改善其生活品质。

（4）激发情感共鸣。在短视频中融入情感，激发用户产生共鸣，引发深层思考。

3. 讲述精彩故事

短视频创作者要善于讲故事，以故事阐述观点。精彩的故事可以给用户带来生动形象的体验，潜移默化地占领用户心智，从而提升短视频的竞争力。制作故事型短视频时，可以采用以下创意策略。

（1）设置悬念。在短视频中设置悬念可以让用户迫不及待地关注后面的剧情。设置悬念的方法包括：使用倒叙手法，以结果开头，让用户带着疑问和好奇心看下去；设置疑问，引导用户进行深层次的思考；制造误会和猜疑，使用户对误会产生的原因和真相有所好奇；制造巧合，使用户对接下来发生的事情产生好奇，从而继续观看。

（2）强化角色个性。要想在有限的时间内打动用户，就要强化角色个性，让主要角色和次要角色形成鲜明的个性冲突，增强剧情的对比效果和代入感，让用户对故事产生深刻的印象。

（3）设置矛盾冲突。在故事中设置矛盾冲突会增加戏剧性，使故事更有吸引力，并突出人物性格，塑造丰满的人物形象。短视频创作者可以通过人物性格制造矛盾，也可以通过成功与失败、得到与失去的对比设置冲突，还可以通过善与恶的对立设置冲突。

（4）设置剧情转折。巧妙地设置转折点可以使短视频的剧情起伏跌宕。转折点的设置要有新意，不能按常理出牌，既要出乎意料，又要在情理之中，符合人物角色的特征。

4. 保持原创性

设计人员要做好知识储备和素材积累，以细腻的眼光观察生活，不断提升审美能力。制作短视频时尽量避免内容相似、雷同，做到差异化，从而保持作品的原创性。

6.2.3　撰写脚本

短视频脚本是短视频的拍摄大纲和要点规划，用于指导整个短视频的拍摄方向和后期剪辑，具有统领全局的作用。虽然短视频的时长较短，但优质短视频的每一个镜头都是经过精心设计的。撰写短视频脚本可以提高短视频的拍摄效率与拍摄质量。短视频脚本大致可以分为拍摄提纲、分镜头脚本和文学脚本三类。具体的脚本类型可以依照短视频的拍摄内容而定。

1. 拍摄提纲

拍摄提纲是指短视频的拍摄要点，它只对拍摄内容起提示作用，适用于一些不易掌握和预测的拍摄内容。拍摄提纲的写作主要分为以下六步。

（1）明确短视频的选题、立意和创作方向，确定创作目标。

（2）呈现选题的角度和切入点。

（3）阐述不同短视频的表现技巧和创作手法。

（4）阐述短视频的构图、光线和节奏。

（5）呈现场景的转换、结构、视角和主题。

（6）完善细节，补充音乐、解说、配音等内容。

2. 分镜头脚本

分镜头脚本适用于故事性强的短视频。分镜头脚本既是前期拍摄的依据，也是后期制作的依据，还可作为视频长度和经费预算的参考依据。分镜头脚本创作起来耗时耗力，对画面要求比较高，类似微电影的短视频可以使用这种类型的短视频脚本。

分镜头脚本主要包括镜号、分镜头时长、画面、景别、摄法技巧、机位、声音、背景音乐、台词等内容，具体内容根据情节而定。分镜头脚本在一定程度上已经是"可视化"影像了，可以帮助创作团队最大限度地还原初衷。

3. 文学脚本

文学脚本适用于非剧情类的短视频，如知识输出类短视频、测评类短视频。撰写文学脚本主要是规定人物所处的场景、台词、动作姿势、状态和短视频时长等。例如，知识讲解类短视频的表现形式以口播为主，场景和演员相对单一，因此脚本就不需要把景别和拍摄手法描述得很细致，只要明确每一期的主题、标明所用场景之后，写出台词即可。因此，这类脚本对短视频创作者的语言逻辑能力和文笔的要求会比较高。

6.2.4 拍摄与剪辑短视频

在做好前期工作之后，创作团队就可以按照已经策划好的内容方案，运用视频拍摄设备进行有序地拍摄，形成原始的视频素材。在拍摄短视频时，创作团队要选择合适的拍摄器材，确定表现手法和拍摄场景，用合适的机位、灯光布局和收音系统设置保证拍摄工作的有序进行。

在收集好原始的视频素材之后，剪辑人员要对这些视频素材进行后期剪辑，去粗取精，调整细节，更好地展现短视频的内容，使其符合策划方案的要求。目前比较常用的短视频剪辑软件有剪映、爱剪辑、会声会影、Premiere、Imovie 等。

6.3 ◯ 短视频拍摄

6.3.1 短视频拍摄的设备

微课：短视频拍摄

拍摄短视频需要配置一些拍摄设备，中高配短视频团队可以采用单反相机、摄像机和稳定器等专业设备，低配短视频团队可以直接使用手机进行拍摄。在制作成本宽裕的情况下，也可以使用无人机进行航拍。

1. 手机

手机具有专业拍摄设备无法比拟的便捷性，随着手机智能化程度和摄像头技术的不断提升，手机已经成为人们最常用的摄影、摄像工具。手机还可以通过各种应用软件进行后期处理，满足不同拍摄需求具有不可替代的优势。

（1）手机作为拍摄短视频的设备有以下三个优势。

1）拍摄方便。现在，人们在日常生活中都会携带手机，看到有趣的瞬间或美丽的风景，可以随时捕捉和拍摄。

2）操作智能。无论是直接使用手机还是手机中的 App 拍摄短视频，其操作都非常智能，只需要点击相应的按钮即可开始拍摄，拍摄完成后手机会自动将拍摄的短视频保存到默认的视频文件夹中。

3）编辑便捷。手机拍摄的视频直接存储在手机中，可以使用相关 App 进行后期编辑，编辑完成后即可发布。

（2）手机拍摄短视频的劣势。与专业拍摄设备相比，手机在防抖、降噪、广角和微距等方面的功能不足，需要进行后期处理。

2. 单反相机

随着短视频越来越被广大用户接受，使用手机拍摄的短视频已经无法满足专业用户的需求，使用单反相机拍摄短视频成为一种必然的趋势，如图 6-16 所示。

（1）单反相机拍摄短视频的优势。

1）丰富的镜头选择。相比手机，单反相机的优势是可拆卸和更换镜头，而且可以选择不同的镜头拍摄不同画面的景别、景深和透视效果，丰富视觉效果。单反相机不同焦段镜头拍摄短视频的画面景别是不一样的。例如，使用长焦镜头能够拍摄更远的画

图 6-16　单反相机

面，在画面中能够实现压缩空间的效果，也就是拍摄主体近大远小的透视关系不那么明显；广角镜头则能够拍摄更广的画面，从而增强透视关系，使近处的物体被放大、远处的物体被缩小，增强画面的纵深感；此外，微距镜头和远摄镜头能使拍摄的短视频展现出更为丰富的画面效果。总之，单反相机拍摄短视频的优势主要在于高画质和丰富的镜头选择，同时其价格又低于摄像机，相对于摄像机有更高的性价比。

2）画质更强。单反相机拍摄的短视频，其画面质量比手机拍摄的质量更高，甚至已经达到专业摄像机的水平，主要表现在四个方面。第一，感光元件。除镜头外，拍摄短视频的成像质量主要取决于感光元件，而目前主流的单反相机的感光元件要比手机的感光元件大很多。简单地说，大的感光元件带来的是更优质的成像效果，当然拍摄出的短视频文件也相对更大。第二，像素。像素是短视频成像质量的基础。目前很多手机的像素都已经超过千万，完全能拍摄 4K 分辨率的短视频，但由于单反相机在图像处理器方面拥有较大的优势，其拍摄得到的最终画质仍优于手机。第三，动态范围。单反相机的画面动态范围比手机更大。动态范围是指感光元件能够记录的最大亮部信息和暗部信息，动态范围越广，能够记录的画面细节越多。第四，采样方式和编码。采样方式和编码也是决定短视频画质的重要指标，由于单反相机在采样方式上比手机更专业，编码码率也更大，因此拍摄出的短视频更清晰。

（2）单反相机拍摄短视频的常用参数设置。使用单反相机拍摄短视频时，需要进行相关参数的设置。

1）快门速度。使用单反相机拍摄短视频时，快门速度越慢，拍摄的画面运动模糊越明显，反之，则画面越清晰、锐利。但单反相机拍摄短视频时的快门速度是相对固定的，一般设置为视频帧率的两倍，例如，短视频帧率为 25 帧 / 秒，那么快门速度就需要设置为 50（1/50 秒），这样拍摄的短视频画面才符合人眼所看到的运动效果。视频帧率是指每秒显示的图像帧数（Frames per Second，fps），使用高帧率可以得到更流畅、更逼真的视频画面。由于人眼的特殊生理结构，当视频画面的帧率高于 16 帧 / 秒时，人眼就会认为其是连贯的。

2）光圈。光圈主要用于控制视频画面的亮度和背景虚化。光圈越大，则画面越亮、背景虚化越强；反之，光圈越小，则画面越暗、背景虚化越弱。单反相机中的光圈通常用大 f 值和小 f 值表示，数值越大，实际光圈越小。

3）感光度。感光度是控制拍摄的短视频画面亮度的一个数值变量。在光线充足的情况下，感光度设置得越低越好，但在较暗的环境下，建议补光拍摄，感光度设置较大会产生一定的噪点，影响短视频画面的质量。光圈与感光度参数设置如图 6-17 所示。

图 6-17　光圈与感光度参数设置

4）对焦。如果能手动对焦最好选择自己手动确定短视频的焦点，但如果是新手，就可以打开单反相机的智能自动对焦功能。建议用户最好使用手动对焦，因为自动对焦可能会出现错误，无法清晰地拍摄短视频的主体。

5）色温。色温可以控制和调节短视频画面中的色调冷暖，色温值越高，画面颜色越偏黄；反之，色温值越低画面越偏蓝，一般情况下，色温值设置为 5 000 K（日光的色温）左右即可。

知识扩展

在拍摄短视频的过程中，光线是一个十分重要的影响成像质量的环境因素。好的光线布局可以有效提高短视频的画面质量，特别是在拍摄以人像为主的短视频时，多用柔光会增强画面美感。如果拍摄时光线不清晰，可以使用 LED 摄影补光灯。

3. 摄像机

摄像机是最专业的视频拍摄设备。一般而言，短视频的时长都较短，制作周期也短，且制作成本也低，不适合使用专业且操作复杂、成本高的摄像机进行拍摄。通常，只有一些企业制作宣传推广类的短视频时才会使用摄像机。拍摄短视频时用到的摄像机主要有专业级摄像机和家用数码摄像机两种。

（1）专业级摄像机。专业级摄像机多用于新闻采访、活动记录等，通常使用数码存储卡存储视频画面，电池电量通常支持连续拍摄两小时以上，配备光圈、快门、色温、光学变焦和手动对焦等所有普通视频拍摄常用的硬件和快捷功能，且使用非常方便。同时，专业级摄像机还具有横式手持握柄和腕带，提高了手持稳定性，是集成度很高的专业视频拍摄设备，如图 6-18 所示。

相对于其他短视频拍摄设备，专业级摄像机的劣势包括：第一，价格昂贵。普通的专业级摄像机的价格就已经超过了单反相机，高端产品价格就更高。第二，不便携带。专业级摄像机的体积较大，日常携带不方便。第三，后期剪辑复杂。在拍摄过程中，专业级摄影机在画面的处理上也较为死板，如果要实现创意拍摄，还需要在计算机端进行后期剪辑和调整。

（2）家用数码摄像机。家用数码摄像机是一种适合家庭使用的摄像机，这类摄像机体积小、质量轻，便于携带，操作简单，价格相对低，如图 6-19 所示。智能手机普及后，家用数码摄像机的发展受到了很大的影响，普通人群拍摄视频一般都使用手机，因此家用数码摄像机处于被淘汰的边缘。但家用数码摄像机的存在也有一定的合理性，与手机、单反相机和专业级摄像机相比，其具有五个特点。

1）变焦能力出色。家用数码摄像机具备专业级摄像机的大范围变焦能力，可以实现大部分手机无法实现的光学变焦效果。

2）智能化操作。家用数码摄像机的自动化程度很高，没有专业级摄像机那么多的手动操控按键，新手都能轻松拍摄，易用性堪比手机。

3）小巧便携。家用数码摄像机体积小巧，方便随身携带。

4）续航时间长。家用数码摄像机可以在极短时间内更换电池和存储卡，理论上可以无限拍摄，在这方面比手机有优势。

5）持握方便。家用数码摄像机都有较好的持握设计，比手机更有利于拍摄短视频。

4. 无人机

无人机（图 6-20）可以实现航拍、全景、俯瞰视角拍摄，具有高清晰度、大比例尺、小面积等优点，且无人机的起飞降落受场地限制较小，在操场、公路或其他较开阔的地面均可起降，其稳定性、安全性较好，实现转场非常容易。无人机由机体和遥控器两部分组成。机体中带有摄像头或高性能摄像机，可以完成视频拍摄任务；遥控器主要负责控制机体飞行和摄像，并可以连接手机，实时监控并保存拍摄的视频。因其比专业级摄像机质量轻，所以画面稳定性相对差一些。无人机拍摄的劣势是成本较高且存在一定的安全隐患。

图 6-18　专业级摄像机

图 6-19　家用数码摄像机

图 6-20　无人机

5. 稳定设备

抖动的短视频画面容易导致用户视觉疲劳、体验感差，因此在拍摄时需要使用一定的稳定设备。短视频拍摄中常用的稳定设备包括稳定器和脚架两种，如图 6-21 所示。

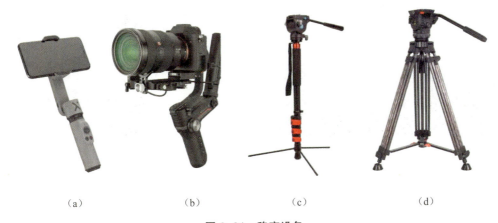

（a）　　　　　　（b）　　　　　　（c）　　　　　　（d）

图 6-21　稳定设备

（a）手机稳定器；（b）单反相机稳定器；（c）独脚架；（d）三脚架

（1）稳定器。短视频被大众接受和喜爱之后，稳定器也从专业的摄录设备向平民化摄录设备转变，特别是电子稳定器，已经在短视频拍摄中普及。在很多短视频的移动镜头场景中，例如前后移动、上下移动和旋转拍摄等，都需要通过稳定器保证镜头画面的稳定，以锁定短视频中的主角。短视频拍摄中常见的稳定器主要有手机稳定器和单反相机稳定器两种。

1）手机稳定器。手机稳定器是用于辅助手机拍摄视频和照片的稳定器，其通常具备延长杆，能增加取景范围，而且可以通过手柄实现自拍、竖拍、延时、智能追踪和360°旋转等多种功能，能大幅提升短视频拍摄的效率。

2）单反相机稳定器。单反相机稳定器是用于辅助单反相机拍摄视频和照片的稳定器，其体积比手机稳定器稍大，且功能更加齐全，手机也能使用单反相机稳定器。

（2）脚架。脚架是一种用来稳定拍摄设备的支撑架，常用于达到某些拍摄效果或保证拍摄的稳定性。常见的脚架主要有独脚架和三脚架两种。独脚架便携、灵活，适合拍摄新闻现场、体育比赛、音乐会、野外等场景；三脚架适合拍摄稳定性要求较高的夜景或者带涌动轨迹的视频画面。

6.3.2　短视频拍摄的技巧

设计人员在短视频的拍摄过程中需要掌握短视频的景别及不同的运镜手法。

1. 短视频的景别

景别是指摄像机与被摄物体的距离不同，造成被摄物体在画面中所呈现出的范围大小的区别。景别一般由远至近分为远景、全景、中景、近景、特写五种。设计人员在拍摄短视频时利用复杂多变的场面调度和镜头调度，交替使用各种不同的景别，可以使短视频剧情的叙述、人物思想感情的表达、人物关系的处理更具有表现力，从而增强短视频的艺术感染力。

（1）远景。远景是指远距离拍摄景物或者人物的一种画面。其视野广阔、深远，表现空间很大，由于被摄主体（景物或者人物）在画面中所占的位置较小，所以主要用来烘托环境氛围，如图 6-22 所示。

（2）全景。全景是指提取人物全身动作或者表现场景的画面。与远景相似，但其主题的表现比远景更加明确，画面也比远景更加清晰，能够在画面中看清人物的整体动作及所处的环境，常被用于表现故事性情节的短视频中，如图 6-23 所示。

图 6-22　远景　　　　　　　　　　　　　　　图 6-23　全景

（3）中景。中景是指提取人物半身或场景局部的画面。与全景相比，中景更加重视人物的具体动作和画面情节，是表演性场面常用的景别，如图 6-24 所示。

（4）近景。近景是指提取人物胸部以上部分或物体局部的画面。与中景相比，近景的空间范围进一步缩小，画面内容更加单一，常被用于表现物体的细节或人物的语言、表情、神态等，如图 6-25 所示。

（5）特写。特写是指提取人物肩部以上的头像或某些物体细部的画面。其主要强调和放大某一细节部分，能有效地交代事物的细节特点。特写镜头也可以运用在故事情节的拍摄上，能通过对人物细节的拍摄，揭露人物的心理，如图 6-26 所示。

图 6-24　中景　　　　　　　　图 6-25　近景　　　　　　　　图 6-26　特写

2. 短视频的运镜手法

设计人员在拍摄短视频的过程中合理运用运镜手法，可以为短视频加入一些氛围和情感，使短视频平滑流畅、充满活力。常见的运镜手法主要有以下几种。

（1）固定运镜。固定运镜是指在拍摄某个镜头的过程中，摄像机的机位、焦距和镜头光轴固定不变，被摄物体可以是静态的，也可以是动态的。

（2）推拉运镜。推拉运镜是指匀速地靠近或远离被摄物体进行拍摄。推近运镜可以突出主体，集中消费者的注意力；拉远运镜可以将被摄物体的所处环境展示出来。使用推拉运镜方法要求画面保持稳定，运动速度保持匀速。

（3）环绕运镜。环绕运镜是指保持镜头水平高度不变，以被摄物体为中心，进行环绕拍摄。这种运镜方法能够提高画面的张力，凸显视频主体。在拍摄时，设计人员应注意保持画面的稳定性，并将被摄物体置于画面中心，保持镜头与被摄物体的距离。

（4）低角度运镜。低角度运镜是指将镜头置于较低的位置，甚至是贴近地面进行拍摄，以加强视频的空间感，可用于拍摄宠物奔跑等。在使用低角度运镜时，设计人员需降低身体的重心。

（5）切换运镜。切换运镜也是常见的运镜手法，常表现为画面突然朝某个方向移动，切换为另一个场景。切换镜头时，设计人员需要注意手臂的力度。

（6）跟随运镜。跟随运镜是指拍摄人员在被摄物体前方、后方或侧面，进行移动拍摄。这种运镜方法可以使消费者以第一人称的视角观看短视频，更容易引起消费者的共鸣。

（7）移动运镜。移动运镜是指拍摄时机位发生变化，边运动边拍摄的拍摄方法，其移动方式主要是左右移动和上下移动。视频画面的移动可直接调动受众的视觉感受，让消费者产生身临其境的感觉。

（8）综合运镜。综合运镜是指摄像机在多种运镜方式不同程度且有机地结合起来的拍摄方法。用这种方法拍摄的视频画面又被称为综合运动镜头。使用综合运动镜头能产生更为复杂多变的画面造型效果，有利于再现现实生活，形成画面形象与音乐一体化的节奏感。

6.3.3　短视频拍摄的构图

短视频的构图与摄影比较接近，常见的构图方法主要有以下几种。

1. 九宫格构图

九宫格构图是拍摄的黄金构图法，利用上、下、左、右四条线作为黄金分割线，将画面分割成相等的 9 个方格，这些线相交的点叫作黄金分割点。这种构图方式可以使被摄主体展现在黄金分割点上，让被摄主体成为视觉中心，使画面更加平衡、和谐，是摄影中常见的构图方式。图 6-27 所示为采用九宫格构图拍摄的视频截图。

图 6-27　九宫格构图

2. 中心构图

中心构图是将被拍摄的物体或人物放到画面的中心位置，这种构图方法可以有效地突出画面主体，并且画面左右的视觉效果也会更加平衡，比较适用于只有一个拍摄主体的视频。图 6-28 所示为采用中心构图拍摄的视频截图。

3. 对角构图

对角构图是利用对角线进行的构图，它将主体安排在对角线上，能有效利用画面对角线的长度，是一种导向性很强的构图形式。对角构图拍摄的视频画面能带给受众立体感、延伸感、动态感和活力感，引导人们的视线到画面深处。图 6-29 所示为光影形成的对角构图视频截图。

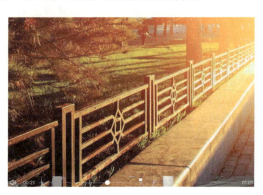

图 6-28　中心构图　　　　　　　　　　图 6-29　对角构图

4. 透视构图

透视构图也称引导线构图，是指视频画面中的某一条或几条线延长会有一个视觉焦点，让消费者的视线随着延长线产生一种由远及近的视觉延伸感。这种构图方法可以增加画面物体的立体感，还有引导消费者视线的作用。图 6-30 所示为采用透视构图拍摄的视频截图。

5. 框架构图

框架构图是指在场景中利用环绕的事物强化和突出拍摄主体，也称景框式构图。框架构图拍摄的视频画面能直接吸引受众注意框架内的拍摄主体，画面层次感也较强。图 6-31 所示为采用框架构图拍摄的视频截图。

图 6-30　透视构图　　　　　　　　　　图 6-31　框架构图

6.4　短视频后期处理

6.4.1　短视频后期处理软件

1. 剪映

剪映［图 6-32（a）］是抖音官方推出的一款手机视频编辑剪辑应用软件，带有全面的剪辑功能，支持变速，多样滤镜效果，以及丰富的曲库资源。自 2021 年 2 月起，剪映支持在手机移动端、iPad 端、Mac 计算机、Windows 计算机端使用。剪映的主要功能如下。

微课：短视频后期处理

（1）视频裁剪和剪辑。剪映最基本的功能是视频裁剪和剪辑。用户可以在剪映中将自己的视频进行裁剪，比如删除一些不需要的部分，或者将不同的视频拼接在一起形成一个完整的视频。这样就可以让视频更加流畅自然，呈现出更好的视觉效果。

（2）滤镜和特效。剪映还提供了各种各样的滤镜和特效。用户可以在视频中添加不同的滤镜，改变视频的颜色、亮度、对比度等，使视频画质更加优美。此外，还可以添加各种特效，比如运动、模糊、缩放、旋转等，让视频更加生动有趣。

（3）字幕和贴纸。剪映还具有字幕和贴纸功能。用户可以在视频中添加不同的字幕，比如标题、引言、结论等，来帮助受众更好地理解视频内容。此外，还可以添加各种贴纸，比如表情包、动态图案等，让视频更加有趣。

（4）音频编辑。除视频编辑以外，剪映还提供了音频编辑功能。用户可以在视频中添加背景音乐，或者对视频中的声音进行调整。这样可以让视频更加具有情感色彩，让受众更容易被视频吸引。

（5）导出和分享。当用户完成了视频编辑后，可以将视频导出到手机相册，或者直接分享到社交媒体上，比如微信、QQ、抖音等。这样可以让更多的人看到自己的视频，让自己的作品得到更多的关注和赞赏。

2. 爱剪辑

爱剪辑［图 6-32（b）］是一款针对国人使用习惯和需求设计的剪辑软件，具备特效、字幕、素材和转场动画等功能。该软件操作简单，易于上手，适合新手使用。

3. 会声会影

会声会影［图 6-32（c）］是一款功能强大的视频编辑软件，不仅能够满足家庭或个人的视频剪辑需求，还能满足专业级的视频剪辑需求，适合大部分设计人员使用。其大部分模块功能都自带片头、字幕、过渡效果等，仅在计算机端使用。

4.Premiere

Premiere［图 6-32（d）］是一款常用的视频编辑软件。其编辑画面质量较高，兼容性较好，是视频编辑爱好者和专业人士必不可少的视频编辑工具。Premiere 能够满足设计人员创建高质量视频的要求，对计算机配置要求较高。

（a）　　　　　　　（b）　　　　　　　（c）　　　　　　　（d）

图 6-32　常用的短视频后期处理软件

（a）剪映；（b）爱剪辑；（c）会声会影；（d）Premiere

6.4.2　短视频后期处理基本流程

短视频后期处理基本流程包括粗剪视频、添加音乐并精剪视频、添加转场和动画、视频素材调色、添加字幕、添加画面特效、制作封面并导出等。

1. 粗剪

粗剪是为了强化对视频整体架构以及素材的认识，给予精剪一些灵感。

粗剪第一步要进行初筛，从重复的视频中挑选一条最好的，并且去掉废镜头（摇晃、虚焦、工作人员入镜等）。第二步将挑选后的镜头按照影片叙事架构进行排序，然后再对每一个段落中的镜头按照时间逻辑、空间逻辑进行排序。同时，如果有同景别不同角度的镜头，需要进行竖列排序，在精剪时才会做最终选择。第三步对视频进行剪短，将视频的起幅、落幅去掉，从中选择一段最好的部分，让整个片子有架构和故事性。

2. 精剪

精剪是对镜头做精雕细琢：第一，寻找每一个阶段适合的音乐，为影片定调，但不要卡着音乐做节奏，只是先用音乐铺垫氛围；第二，选取每一个镜头前后的组接点，使其流畅地组接，并且考虑不同位置运用哪些节奏技巧和转场方式，同时再为镜头加上动效，在创造节奏处配合特殊音效；第三，组接每一个段落的音乐，并且大段落之间的衔接要配合画面，做好节奏的起伏，例如戛然而止与急起。第四，调整画面、音乐、音效的三方配合，使影片的视听一体化。

精剪工作注意事项如下：

（1）不要追求"炫技"，添加过多的动态特效。

（2）克服"拼接"的镜头感，这需要剪辑师有充分的镜头排序能力和组合逻辑。

（3）最后剪出来的片子要有节奏感，有开头、高潮、收尾。

3. 添加特效

为短视频添加特效可以丰富短视频画面、营造氛围，使作品完整度更高。以下是一些常见的视频特效。

（1）滤镜。滤镜可以改变视频素材的色彩、亮度、对比度等属性，从而创造出不同的视觉效果。

（2）转场。转场可以在不同的视频素材之间产生平滑的过渡效果，常见的转场包括淡入淡出、溶解、推进等。

（3）动画。动画可以让视频素材中的某些元素产生运动效果，例如让文字飞入、图形缩放等。

4. 合成输出

视频完成后，进入导出步骤，选择合适的格式（如MP4、MOV等）和分辨率（如1 080 p、4K等）。确保导出后的视频文件大小适中，且不会影响其质量和观感，根据使用场景，上传至社交媒体。

知识扩展

短视频后期处理需要不断地实践和创意发挥。多尝试不同的剪辑手法、特效应用和音乐搭配等，逐渐积累经验并形成自己的风格。

项目实训

项目1　拍摄家乡特产水果类短视频

◎ **项目要求**

本项目要求在水果原产地的果园内，按照既定的拍摄脚本进行拍摄实践。在拍摄过程中，需注意景别的选择和运镜手法的运用，以确保画面的表现力和观赏性。尤其要利用高清微距近景技术，充分展现农产品的细节特征，将水果的新鲜度、色泽感等元素准确传达给消费者，从而激发他们的购买欲和行为。

微课：拍摄家乡特产
水果类短视频

◎ **项目目的**

本项目的目的是通过实践应用本章所学的知识，在果园内拍摄一部水果类短视频。在掌握运镜手法与景别理论的基础上，通过该实践案例，进一步巩固和掌握短视频的拍摄技巧和方法。

◎ **项目分析**

水果类短视频应注重展现水果的美味与健康特质，同时揭示其原产地的生长环境，展示种植、采摘等实际场景，以强化原产地标签，并赢得消费者的信任。因此，本项目选定水果原产地的果园作为拍摄地点，不仅使消费者能直观地了解产品，更增加了消费者的信任感，为消费者带来身临其境的体验。

◎ **项目思路**

本项目是为山西高平特产黄梨拍摄一个短视频，思路步骤如下。

(1) 准备拍摄器材。本次拍摄视频所使用的设备为智能手机、手机稳定器。

(2) 准备拍摄脚本，如图6-33所示。

序号	画面	景别	运镜手法
场景1	走进果园	远景	推拉运镜
场景2	果农摘下黄梨放入竹篮	近景	低角度、俯视
场景3	挂着露水的黄梨特写	特写	固定
场景4	挂满黄梨的树枝	近景	固定
场景5	挂着果实的一段树枝	近景	左右移动
场景6	梨树顶部和两侧的梨树	中景、全景	上下移动

图 6-33　家乡特产水果类短视频拍摄脚本

◎ **项目实施**

微课：项目实施

项目 2　家乡特产水果类短视频的后期处理

微课：家乡特产水果类
短视频的后期处理

◎ **项目要求**

本项目要求使用"剪映"App 进行短视频的后期处理，结合短视频的内容，添加字幕、特效、贴纸、音乐及设置滤镜、转场等功能，充分展示出水果的特点。

◎ **项目目的**

本项目将运用本章所学的知识对项目 1 拍摄的水果类短视频进行后期的处理，掌握短视频的后期处理方法。

◎ **项目分析**

本项目中的短视频后期处理从体现水果新鲜美味的角度出发，运用简洁的字幕突出水果卖点，再加上各种特效和转场技巧，以吸引消费者的视线，最后配以符合该短视频氛围的音乐，使画面效果更加生动。

◎ **项目思路**

在进行视频后期处理前，可从短视频后期处理步骤来进行分析。具体思路如下。

（1）将多个视频片段进行整合，剪掉多余的片段。

（2）对视频进行美化处理，添加剪辑效果，包括字幕、特效、贴纸、音乐、滤镜、转场等步骤。

◎ **项目实施**

微课：项目实施

◉ 思考与练习 ·······································◉

（1）短视频的拍摄技巧主要有哪些？

（2）短视频的后期处理方式有哪些？简述各自的特点。

（3）拍摄黄芩茶短视频，并使用剪映软件制作后期效果，效果如图 6-34 所示。

图 6-34　黄芩茶短视频效果

第7章 电商广告设计与制作

学习引导

学习目标	知识目标	（1）了解电商广告的基本理论； （2）了解电商广告设计的基本原则； （3）掌握网店首页的设计与制作要点； （4）掌握商品详情页的设计与制作要点
	能力目标	（1）能够进行首页店招、焦点图、优惠券、分类导航、活动展示区的设计； （2）能够进行商品详情页的焦点图、卖点图、实拍展示图、参数图的设计
	素质目标	（1）培养视觉审美和创新思维能力； （2）培养电商营销思维
实训项目		农产品网店首页设计； 农产品详情页设计

章前导读

　　电商广告是基于网络新媒体的一种新型的广告形式，是广告与电子商务的结合。在虚拟的网络购物环境中，商家吸引受众的关注，描述商品的性能及优势，都是通过视觉呈现来达成的。受众是通过广告的视觉展现来关注商品，了解商品，最终达成交易。因此，电商广告设计必须将如何吸引流量、获取点击率、提高转化率作为终极目的。

7.1 电商广告概述

　　随着互联网技术及网上支付平台的发展，网络购物这一新型消费模式开始出现，并逐渐成为人们日常生活的重要组成部分。新媒体随身性与定向性的特点，使网络购物越来越具备了电子商务的功能，而其与新媒体的联姻也衍生出了一种新的广告形式——电商广告，这是商家企业依托互联网宣传、营销产品的一个渠道，具有鲜明的营销属性。本章以淘宝、天猫电商平台为例对新媒体广告设计的相关知识进行介绍。

微课：电商广告概述

7.1.1　电商广告的概念

　　电商广告是指商品经营者或服务提供者承担费用，通过互联网或移动网络，在网站页面的广告位宣传商品或服务，并把受众购买行为引到承接页面完成交易与结算的一种广告形式，包含两部分内容，即商品广告与承接页面。

7.1.2　电商广告的形式

1. 展示型广告

展示型广告是指商家付费给一家或多家互联网站及电商平台，在其网页广告位显示的超链接广告。如果用户对广告展示的商品感兴趣，可以直接点击图片，进入商家店铺，了解商品详情。展示型广告是电商广告中的主要形式，内容以商品促销、品牌宣传为主。

2. 搜索引擎关键词广告

搜索引擎关键词广告是商家根据自己商品的属性或服务项目的内容信息，确定出相关关键词，并撰写广告内容进行自主定价投放的广告。当用户在搜索栏中输入感兴趣的商品文字时，搜索结果页面就会展示与关键词相对应的商家广告，点击广告就可链接到商家的承接页面。

搜索引擎关键词广告属于文字链接型广告，具有三个特点。

（1）覆盖面广，受众广泛。搜索引擎关键词广告基于搜索引擎平台，95% 以上的网民是通过搜索引擎找到自己所需的信息。

（2）目标精准，针对性强。用户是通过关键词主动进行搜索的，搜索引擎根据用户需求提供相应的结果，因此广告投放精确匹配，直接面向有需求的受众。

（3）按效果付费，采用竞价排序方式。根据广告主付费的多少来排列结果，不点击不收费。

3. 电子邮件广告

电子邮件广告是指商家通过互联网将商品促销活动以电子邮件的形式发送到用户电子邮箱。收到邮件后，根据消费需求，可以点击广告页面中的网站链接进入商家店铺选购商品。

7.1.3　电商广告的特点

1. 交易性

电商广告是广告与电子商务的结合，因此具有交易性特点。它可以触摸到广告受众在网购过程中的任何一个阶段，从发现商品广告、对其产生兴趣，到了解商品详情、做出购买决策，再到网上支付、购买后的评价反馈等，每一个环节都是电商广告涉及的范畴。电商广告连接电商平台的特点，使它能在第一时间将广告受众的购买欲望转化为实际的购买行为，为商家创造看得见的商业价值。传统媒体的广告与商品交易是分开的，在大多数情况下，受众在接收到他们感兴趣的广告信息后，不能马上去商店里购买，有时会过相当长一段时间才购买。这个时间段是广告刺激兴奋度迅速衰减的过程，如果中间再有其他事物干扰，商家就会失去潜在消费者。交易性特点使电商广告具备很强的广告时效性。

2. 定向性与精准性

商家及广告设计人员依据互联网大数据平台与电商平台内部大数据，以及网络定向技术，能根据用户的偏好去匹配个性化商品广告，开展主动营销。通过研究用户的购买行为、搜索习惯、浏览历史等数据，精准地锁定目标受众，把商品广告定向推送给具有购买需求的用户。同时，商家也可以根据自身的需求，对广告的展示内容、投放时间、投放位置等进行定制，使广告更加精准地触达目标受众。这种精准定向的广告形式，不仅提高了广告的转化率，而且提高了广告的投入产出比。比如用户在淘宝网站搜索或购买过商品，在其他网页浏览时会出现关于该商品的推荐广告。在淘宝网页面上，也会看到"看了该宝贝的人还看了"等关联广告，很好地保障了广告的到达率。

3. 广告效果可以实时监测与调整

在大数据平台背景下，商家及广告设计人员能利用电商广告的互动性特点，实时监测电商广告的实效性。通过后台数据分析，查看买家点击了哪些商品、在哪个页面跳失等，通过数据分析，来优化页面与调整广告图，提高店铺转化率。

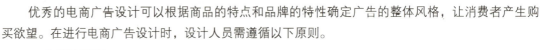

7.2　电商广告的设计原则

微课：电商广告的
设计原则

优秀的电商广告设计可以根据商品的特点和品牌的特性确定广告的整体风格，让消费者产生购买欲望。在进行电商广告设计时，设计人员需遵循以下原则。

1. 功能性原则

电商广告设计的首要原则是功能性原则。在设计电商广告时，应充分考虑广告页面的实用性，以便消费者能够快捷、轻松地获取商品信息。在设计过程中，不应过分追求页面的视觉表现，而忽略了消费者的实际需求。特别是在移动端的电商广告中，由于屏幕尺寸的限制，更需要优先满足消费者的日常阅读需求。因此，在进行电商广告设计时，设计人员应注重美观与实用相统一。广告页面和路径的设计应能够引导受众，方便和快捷地查询到所需信息。这样，消费者对商品的兴趣才能转化为购买欲望，并最终促成购买行为。

如图 7-1 所示，综合类电商网站一般体量庞大，具有很多额外功能，如给手机充话费、线下服务、彩票等，目标受众极为广泛，消费人群的独特性会弱化。在设计过程中，应注重优化完善页面的密集内容，合理地将流量导向对应的目的地，塑造电商广告普遍的功能性原则，而尽量避免带有某些固有人群的特性。

图 7-1　体现功能性原则的电商页面

2. 可视性原则

电商平台上的商品数量庞大，繁杂的信息容易给消费者造成视觉上的负担，从而影响消费者的购物体验，因此电商页面的视觉设计应该遵循可视性原则，即简洁明了、易于识别。电商页面视觉设计的可视性原则主要体现在以下三个方面。

（1）简洁的页面。无论是移动端还是计算机端，都要求设计人员在进行电商页面设计时做到简洁明了，能够在最短的时间内抓住消费者的视线，吸引消费者的注意力，准确、直观、高效地向消费者传达有价值的信息。

（2）简洁的文案。对于电商广告来说，短小精悍、言简意赅的文案更能迎合消费者的阅读偏好。当消费者看到一个简洁明了的广告文案时，他们更容易产生兴趣并点击进入商品页面，从而增加购买的可能性。此外，言简意赅的文案还能提高广告的传播效率，在短时间内迅速形成影响。

（3）合理的色彩搭配。合理的色彩搭配在广告页面设计中具有重要地位，它不仅能够丰富页面的版式，还能准确传达页面的主题，从而吸引消费者进行点击和浏览。在电商页面的设计中，通常遵循"总体协调，局部对比"的色彩搭配原则。具体指的是，整体页面的色彩搭配追求统一和谐，以营造舒适、和谐的视觉环境；局部页面的色彩搭配则采用对比色，以突出重点内容，引导消费者的视线。这种色彩搭配方式既保持了整体的协调性，又突出了局部的亮点，有助于提升电商页面的用户体验和吸引力。如图 7-2 所示，该电商页面通过大块的留白、匠气的字体、纤细的线条等视觉手段，营造出简洁的设计氛围和格调感，突出了可视性原则。

图 7-2　体现可视
性原则的电商页面

3. 通俗性原则

电商用户来自不同地域、民族，有着不同文化背景和受教育程度、不同的职业和兴趣爱好。在电商广告设计时，需注意符号要素（语言、文字、图形、色彩、图片）的通俗性和易于接受性，而不仅仅是迎合部分人的审美标准。对于大部分电商广告主来说，他们面对的受众更容易接受通俗化的表现手法。另外，考虑到电商广告传播的无国界性，在广告设计时要避免使用不同文化范围忌讳的图形、符号。如图 7-3 所示，天猫国际利用亲切、可爱的卡通猫形象连接海外市场，为国内外消费者带来多样化的选择。

4. 统一性原则

电商广告的统一性原则主要体现在三个方面。

（1）页面的统一。页面的统一是指电商各级页面的视觉统一，如网店的首页、主图、详情页等页面应保持和谐、统一的风格。统一各级电商页面的风格可以让整体页面看起来整齐有序，有助于强化品牌在消费者心目中的形象。

（2）整体形象的统一。整体形象的统一是指电商页面的色彩搭配、文字和其他装饰元素的要具有相关性，页面的布局与构图等要做到统一、和谐。

（3）内容与形式的统一。内容与形式的统一是指在设计电商页面时，要准确把握视觉的定位，电商页面风格需要与内容相统一。如图 7-4 所示，该电商平台通过色彩、字体的布局形成了统一性的页面风格。

图 7-3　体现通俗性原则的电商页面

图 7-4　体现统一性原则的电商页面

7.3　电商广告的设计要点

微课：电商广告的
设计要点

电商广告的设计要点包括强化视觉冲击力吸引流量，突出卖点获取点击率，调动视觉设计元素提升转化率等方面，通过合理运用设计要点可以说服消费者自觉自愿地购买商品或服务，从而达到预期营销的目的。

1. 强化推广图的视觉冲击力吸引流量

在网页任一广告展位上展示的推广图，其作用只有一个，就是抓住消费者的眼球吸引流量。要通过图形、文字、色彩、版式等视觉元素加强广告的视觉冲击力，使推广图在众多广告图片中脱颖而出，吸引潜在消费者的关注，激起他们对商品的兴趣。

（1）商品图形。商品是广告受众第一关注的对象，网络商务交易的特点就是视觉营销，好图片就等于好商品，因此，精美的商品图片能有效吸引消费者的注意力。在设计推广图时，首先要选择能够凸显商品卖点与亮点的图片；其次要参考主要竞争对手的广告图创意，设计投放具有差异化的图形，让消费者第一眼就捕捉到所要推广的商品图。

（2）文字。在电商广告推广图中，文字占有很重要的比重，主要由标题、商品及品牌名称与促销信息组成。利用文字字号的大小对比，字体风格的变化与字体的创意设计都可获得很强的形式美感。在文字设计时需注意文字信息的主次关系，促销信息要作为重点内容进行展示。

（3）色彩。色彩是推广图吸引消费者关注的重要因素。在设计时需要注意两点，一是推广图片的整体色调要与广告所在页面的色彩形成强反差，使广告图从页面中跳出来。二是充分利用差异化创意策略，通过色彩的明度、色相与纯度的对比变化形成强烈视觉张力，使商品从众多竞争推广图中凸显出来，第一时间取得关注。

（4）版式。版式布局也是吸引关注度的重要因素。在电商广告中，商品图形是重要信息，一般要占版面 50% 以上。在设计时，版面多采用富有动感的构图形式，例如可采用对角线构图，使整个画面充满张力，形成视觉焦点，可达到非常醒目的视觉效果。同时还要注意与竞争商品的版式形成差异化。

2. 突出商品的卖点获取点击率

当推广图吸引消费者的注意后，并不一定会点击。因此，推广图必须在真实、清晰的基础上，尽可能强化商品的卖点与亮点，打动消费者进而激发他们点击图片进入链接页面，完成流量的转化。

（1）推广图凸显商品卖点与亮点。电商广告的受众通过图片来了解商品特点，因此在广告创意设计时要把握商品本身的属性功能，比如材料、工艺、形状、性能等，并转化成视觉信息呈现出来，让受众一目了然，直观感受到商品的利益点。除使用直观图形展示商品特点外，还可以使用文案描述出商品隐含的卖点，让受众更进一步了解商品，有效吸引其点击。

（2）推广图凸显促销信息。设计人员要善于抓住消费者心理，在图片中强化展示商品优惠和促销信息，增强购买的紧迫感与商品的稀缺感，刺激受众点击。

3. 调动视觉设计元素建立说服逻辑提升转化率

详情页是将点击率转化为成交率的关键页面。详情页的视觉设计必须以消费者需求为导向，通过图形、文字、色彩、版式等视觉传达手段，建立说服逻辑。在页面里要用图文并茂的形式全方位展示商品外观与材质细节，一步步引导消费者了解产品，打消购买顾虑，为买家营造一个客观、安全的购物氛围。

7.4　网店首页设计

网店首页是网店形象的展示窗口，展示了网店的整体风格，是引导消费者、提高转化率和成交量的重要页面，其视觉设计的好坏直接影响网店品牌宣传的效果和买家的购物行为。

7.4.1　网店首页构成框架

（1）店招。店招是网店的招牌，很大程度上构成了消费者对网店的第一印象。鲜明、有特色的店招对于网店品牌和商品定位有着不可替代的作用。店招模块一般包含网店名称、标志（Logo）、收藏与分享按钮、营销亮点、网店活动、背景图片等，如图 7-5 所示。

微课：网店首页设计

图 7-5　PC 端店招

（2）首页焦点图。首页焦点图位于店招下方，是展示企业店铺的形象门面，占有较大的面积，具有震撼的视觉效果，一般用于放置店铺的活动与促销信息，目前常见的有固定海报和轮播海报两种形式，如图 7-6 所示。

图 7-6　首页焦点图

（3）优惠券模块。优惠券模块是吸引消费者进店消费的一种常用的促销手段。常见的优惠券类型有现金券、满减券、体验券、礼品券、折扣券、特价券、换购券等，要根据运营活动设计合适的优惠券类型，如图 7-7 所示。

图 7-7　优惠券

（4）分类导航模块。分类导航模块主要是给消费者一个引导功能，方便消费者更加精准地查找所需的内容。分类导航模块应做到区域分类明确、效果美观，如图 7-8 所示。

（5）活动展示模块。活动展示模块一般位于分类导航模块之后，该模块可以根据活动内容划分为几个区域，如热卖区、新品区等，如图 7-9 所示。

图 7-8　分类导航　　　　　　　　　　　　　　　　图 7-9　活动展示

7.4.2　网店首页设计要点

合理的首页设计风格和布局能够带给消费者良好的购物体验，给消费者留下深刻的印象。在设计网店首页时，设计人员需注意六个方面。

（1）网店风格。网店风格在一定程度上影响着网店的布局方式，因此选择合适的网店风格是网店布局的前提。网店风格通常受品牌理念、商品信息、目标消费者、市场环境和季节等因素的影响，设计人员在选择网店风格时需结合这些因素，保证网店风格的统一。

（2）活动与优惠。网店的活动和优惠信息要放在重要位置，如海报图或活动导航。这些图片或页面中的内容要通俗易懂、一目了然。

（3）商品推荐。在商品推荐模块中推荐的爆款或新款不宜过多，其他商品可通过商品分类或商品搜索将消费者引流至相应的分类页面中。

（4）商品分类。进行搜索或商品分类设计时，需要将商品分门别类，按主次顺序列举出商品类目，帮助消费者搜索，方便消费者快速找到喜欢的类目及商品。

（5）互动版面。重视收藏、关注和客服等互动性版面的设计，让消费者有良好的购物体验，提升消费者的忠诚度，促进其二次购买。

（6）商品布局。商品页面的排版和布局要主次分明、错落有致，可以使用列表式和图文搭配，降低消费者的视觉疲劳。

7.4.3　网店首页各模块设计

1. 店招设计

店招又称网店的招牌，用来确定店铺属性和展示品牌，在很大程度上构成了消费者对网店的第一印象。店招的设计主旨必须围绕店铺卖什么、店铺名称是什么展开，鲜明、有特色的店招对于网店品牌和商品定位有不可替代的作用。

店招模块一般包含网店名称、标志、收藏与分享按钮、营销亮点、网店活动、背景图片等内容。由于各电商平台对店招尺寸和样式要求有所不同，因此，店招有常规店招和通栏店招两种。常规店招的尺寸是 950 像素 ×120 像素，将常规店招上传到电商店铺页面后，店招两侧将显示空白色。通栏店招的尺寸是 1 920 像素 ×150 像素，是淘宝店铺中使用较多的尺寸。将通栏店招上传到电商店铺页面后，店招会根据设计结果进行显示。就淘宝平台的移动端而言，由于移动端店招底图的实际显示尺寸比较小，因此在设计时不宜太过花哨、繁杂，设计内容可从网店规模、网店风格、活动主题和网店商品出发，并结合网店现阶段的定位进行内容的组合，一般来说，只要在不违背品牌形象和商品定位的前提下，合理安排视觉设计元素即可。如图 7-10 所示，山西品牌"贡天下"店招通过设计元素的组合体现了品牌形象、地域特色、促销活动、产品分类等。

图 7-10　店招设计

知识扩展

在店招设计中，并不是要将所有的内容都包含在其中，可以根据店铺的需要选取重点信息，最终制作出店招效果。

2. 首页焦点图设计

焦点图位于网页的顶部或中间位置，有全屏幕宽度和固定宽度两种形式。样式可以根据网站的整体设计风格和需求确定，可以是简洁的平面设计，也可以是具有动态效果的图片。焦点图的内容可以是网站的最新商品、推广活动、重要通知等。

首页焦点图设计时需要有一个主题，无论是新品上市还是活动促销，主题选定后才能围绕这个方向确定海报的文案和信息等。海报的主题以商品加上描述体现，将海报提炼成简洁的文字，并将主题内容放置在海报的第一视觉中心，能够让消费者一眼就看出海报所要表达的内容。在构图方面要处理好图片和文字之间的位置关系，使其整体和谐，突出主体。常见的构图方式有黄金比例分割构图、三等分构图、对角线构图和三角形构图等。在配色中，要运用画面的色调营造一种氛围，对重要的文字信息用突出醒目的颜色进行强调，以清晰的明暗对比传递画面信息，用不同的配色确定相应的风格。对于图片，要确保具有高清晰度和适当的尺寸，以便在不同设备上显示。如图 7-11 所示，该首页焦点图以标题 + 图片形式进行展示，在页面中没有出现商品信息，而是以旅游地图形式隐晦地进行营销，与其他同类商品的焦点图形成了差异化对比，给消费者留下了深刻的品牌印象。

3. 优惠券模块设计

很多网店都是通过焦点图吸引消费者视线，当消费者视线往下移动时，通过优惠信息刺激消费者持续浏览页面。因此，优惠券模块是网店首页视觉设计中必不可少的模块之一。

优惠券的规则和用法多种多样，目前主要有直返优惠券、消费满减优惠券、会员折扣优惠券和赠品优惠四种方式。

优惠券在首页模块中展示的信息有限，一张完整的优惠券除了数字，还需要展示使用条件、有效时间、发行店铺等文本信息，在设计时应以文本为主、图形为辅，在色彩搭配上考虑季节、活动主题等因素，例如，双十一、元旦、新年活动时优惠券可采用红、黄等暖色，三八节、端午节、6·18 年中促销时优惠券可采用当季流行色，如图 7-12 所示。

4. 分类导航模块设计

分类导航模块是引导消费者购买的重要模块，它向消费者展示了所有品类商品的详细分布。通过单击分类导航中的文字或图片，可以让消费者更快捷、轻松地选购符合自己要求的商品。

　　分类导航的版式分为横向、纵向两种。横向分类的图片尺寸应控制在 950 像素以内；纵向分类的图片尺寸不宜超过 150 像素，若超过该宽度，当显示器分辨率小于或等于 1 024 像素 ×768 像素时，将导致分类栏右边的列表下沉，从而影响页面的美观。

　　在设计分类导航模块时，若店铺已经有装修风格，分类导航模块的设计必须从该店铺的风格出发。分类名称可以是中文，也可以是英文，字体必须清晰可读。为了易于买家查看，还可以根据需要适当添加分类图标。分类信息较多时，可添加子分类，便于买家浏览。色彩配置上尽量使用纯色，可以很好地烘托文字，让分类信息更明显。如图 7-13 所示，"贡天下"网店的分类导航设计形式十分新颖，以一个古代晋商卡通人物形象和老店铺陈列进行商品展示分类，不仅具有很强的趣味性，还能触发消费者的点击欲。

图 7-11　首页焦点图设计　　　　图 7-12　优惠券模块设计　　　　图 7-13　分类导航模块设计

5. 活动展示模块设计

　　活动展示模块一般位于分类导航模块之后，该模块可以根据活动内容划分为几个区域，如热销区、新品区、推荐区等，内容包括商品图片和文本信息两部分。

　　根据应用端的不同，活动展示模块有单栏展示和双栏展示两种形式。单栏展示是指以某一个热销商品或新品作为展示的重点，通过横排构图的方式占满设备的整个横屏，重点突出该商品的活动力度，多用于移动端；双栏展示是将屏幕一分为二，通过双栏排版的方式进行活动商品的呈现，多用于计算机端。

　　活动展示模块设计时，主题卖点要简单明了、直接精确，紧扣消费者的诉求。构图要符合消费者从左至右、从上至下、先中间后两边的视觉流程，恰当设置图文比例。文本的排列方式、行距、字体颜色、样式等要整齐统一，清晰地呈现信息层次。文案设计上要抓住消费者求实惠的心理，采用"免费""秒杀""清仓"等文字来吸引消费者浏览。色彩设置应尽量纯粹单一，能够很好地烘托商品和文本信息即可，如图 7-14 所示。

图 7-14　计算机端与移动端活动展示模块

7.5　商品详情页设计

商品详情页是商品信息的详细展示区，是提高转化率的重要因素，主要是通过图片、文字、视频等视觉化的呈现方式，将商品推荐给消费者，进而使消费者下单购买。

微课：商品详情页设计

7.5.1　详情页构成框架

商品详情页页面包含大量图片、文字信息，构成框架基本上是上半部分阐述产品价值，下半部分培养买家信任感。为了充分展现出商品的价值，促进转化，在设计商品详情页时设计人员应对内容进行合理安排，如图 7-15 所示。

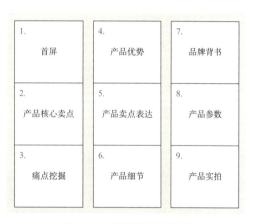

1. 首屏	4. 产品优势	7. 品牌背书
2. 产品核心卖点	5. 产品卖点表达	8. 产品参数
3. 痛点挖掘	6. 产品细节	9. 产品实拍

图 7-15　详情页构成框架

1. 首屏（又称焦点图）

详情页的第一屏要用最好看的产品吸引消费者的眼球，消费者才会有继续往下看的欲望。首屏也是整个详情页最重要的页面，概括整个页面的调性、产品的核心卖点。一般展示的方式会通过以模特 + 产品结合，或是场景 + 产品结合，通过拍摄、建模、手绘或合成等方式执行，如图 7-16 所示。

2. 产品核心卖点

这一屏把产品的核心卖点和优势罗列出来，让消费者第一时间可以获取到是不是自己想要的东西的信息，同时展示与竞争品牌的差异。卖点的展示形式有很多，如纯文字表达、产品和卖点组合等，如图 7-17 所示。

图 7-16　首屏

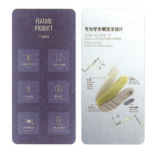

图 7-17　产品核心卖点

3. 痛点挖掘

设计师需要思考消费者的需求是什么（如为什么会搜索这个产品、他们关心的内容和面临的问题是什么），罗列出消费者的问题，通过一些场景和文案内容，使消费者产生情感共鸣，让消费者更好地去接受产品。展现的方式可以多场景痛点展示，或者与竞争品牌作对比，如图 7-18 所示。

4. 产品优势

产品优势是产品最能打动消费者的卖点，让消费者选择产品的理由。设计师需要详细了解产品的功能、制作工艺、科学技术等，从而突出产品的特性，如图 7-19 所示。

图 7-18　痛点挖掘　　　　　　图 7-19　产品优势

5. 产品卖点表达

这一屏主要是针对产品的卖点进行夸张化和创意效果的展示，强化产品的效果，加深消费者对产品的购买欲。比如设计卖点（别出心裁的外观设计）、功能卖点（功能功效及特别用途）、材料卖点（优质的材料，如成分、面料、材质等），如图 7-20 所示。

6. 产品细节

这一屏可以多角度、多方位看到产品的各个细节和卖点在哪个位置，让消费者通过图片看到产品实物的样子，一般这里对应的都是产品实拍特写图，如图 7-21 所示。

图 7-20　产品卖点表达　　　　　图 7-21　产品细节

7. 品牌背书

这一屏展示产品的真实性和权威性，目的是让消费者增加对产品的信任度，能体现产品的安全性、专业性，促使消费者放心购买，如图 7-22 所示。

8. 产品参数

产品参数是提高转化率的关键因素，很多消费者从产品主图及细节图中没有完全了解产品的属性，就会来到详情页查看产品的具体信息。因此，产品信息的介绍需要真实、简约、清晰，容易理解。产品参数的内容设置包括产品名称、产品型号、实物尺寸、颜色、规格、质量、使用方法等，如图 7-23 所示。

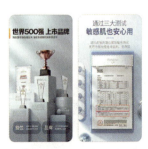

图 7-22　品牌背书　　　　　　图 7-23　产品参数

9. 产品实拍 / 模特展示

这一屏 360°展示产品外观，可以使用场景 + 产品的搭配，也可以展示不同的款式或颜色。模特图一般展示多个方位的产品、产品搭配和近景实拍等，让消费者代入体验感，如图 7-24 所示。

10. 客服体系

客服体系是指在整个销售过程中，售前咨询、售后服务、问题投诉等一整套沟通渠道的建立。完善的客服体系能够提高客服工作效率，解决消费者问题，做好客服体系能够更快地将消费者购买意识转化为交易。

图 7-24　产品实拍 / 模特展示

7.5.2　详情页设计要点

1. 页面设计

（1）布局清晰明了。布局清晰明了是提升商品详情页的关键。要充分考虑用户的使用习惯，将商品价格、购买按钮、商品参数、图片展示等各类信息，合理地分配在页面上，同时通过图文、颜色、线条等传达出来。

（2）引导用户关注重要信息。商品详情页上最重要的信息是商品价格和购买入口，应该将它们放在网页的显要位置，视觉效果醒目并引导用户注意。同时，为用户提供购买咨询、在线客服等支持，让用户在购买决策时得到有力的支持。

（3）界面风格和公司品牌色彩一致。在进行商品详情页设计时，与网站品牌风格保持一致，在图形、色彩、文案上能够体现品牌形象。

2. 图片展示

（1）图片清晰明了。商品图片是商品详情页上最重要的展示元素。在设计时，应该保证图片尺寸合适、品质清晰。在图片上加入多角度的展示、细节放大等功能，让用户全面了解商品的细节。

（2）图片信息和商品信息一致。商品图片应与商品信息一致，以免引起用户误解或不信任，最好做到商品图片与商品真实相符。商品图片既要真实，又要有美感，可以通过技术手段进行一定的处理。

（3）引导用户在线购买。通过提高图片质量，表现商品的最佳效果，引导用户在线购买。

3. 文字描述

（1）产品信息要精准翔实。商品详情页的文字描述要精准具体，对于消费者来说，他们对于商品的具体信息十分关注，在介绍商品时要做到能够对接用户的购买需求，表述清楚细节等相关内容。

（2）语言简洁易懂。在商品详情页的文案编写过程中，要使用简洁易懂的语言，并且要提供相关产品真实的信息，不可以过度夸张和误导消费者。

（3）营造用户信任感。要注重商品的细节、品质、数据等方面的讲解，增强用户信任感。

知识扩展

　　设计师在进行详情页制作时，需要从商品或品牌的真实特点出发，不能夸大其词，误导消费者。

7.5.3　详情页设计制作流程

1. 确定页面风格

根据产品本身确定页面风格，如产品的属性、产品功能等。如果产品没有特定的风格属性，可以根据目标销售人群、季节、节日或主题活动确定。

2. 产品和素材收集

对前期实拍素材进行整理和分类。

3. 构架布局框架

根据文案内容，结合实际产品，进行有效的布局。

（1）首屏海报——引起注意。

（2）产品属性功能——提升兴趣，了解产品。

（3）产品全景——提升兴趣。

（4）产品细节展示——提升兴趣，了解产品。

（5）痛点挖掘——拉近客户。

（6）检测报告——建立信任。

（7）卖点优势——体现产品价值。

（8）好评分享展示——进一步加强购买欲望。

4. 确定配色方案

配色可以从产品本身、品牌 Logo 或产品联想属性中提取。在配色过程中，首先要考虑用什么颜色作为主色调，再设置相应的辅助配色。

5. 选择合适字体类型

详情页中选择符合产品定位的文字十分重要，使用的字体一般不超过三种。文字是与消费者进行沟通的桥梁，主要用来对产品进行解释说明，方便消费者阅读，同时也起引导重要信息的作用，重点显示的内容可通过加粗、调整文字大小对比的方法，加深消费者对该信息的印象。

6. 详情页排版

详情页的排版要综合考虑电商平台的尺寸要求、消费人群的操作习惯、转化率等因素，排版要做到不仅具有视觉上的美感，还具有逻辑思维，带给消费者更好、更高效的购物体验。

7.5.4　详情页设计案例分析

1. 案例介绍

沐浴露是国产老字号"六神"品牌在京东购物平台的一款热销商品。"六神"京东自营店主要销售沐浴露、洗发水、花露水、香皂等日化产品，目标消费人群范围较广，适合大众使用。图 7-25 所示为该网店中一款沐浴露的商品详情页。该商品详情主要包括焦点图、卖点图、产品信息图、需求引导图及产品细节图。

2. 分析思路

该款沐浴露面向大众，为了吸引广大消费人群，本例采用中性色作为整体色调，符合各个年龄阶层消费者的视觉喜好，给消费者带来一种温和、舒适的感受；将白色、深绿色作为辅助色凸显商品信息；字体的选择上采用了粗倩简体，字形方正、简洁典雅，与"六神"品牌的调性相吻合。详情页的内容根据商品展示的逻辑性进行规划安排，第 1 张焦点图引起消费者的注意，第 2、3 张卖点图和产品信息图激发消费者的兴趣和求知欲，第 4 张需求引导图唤起消费者的购买欲，第 5 张产品细节图加深消费者对商品的全面了解。

图 7-25　网店详情页案例分析

项目实训

项目 1　农产品网店首页设计

◎ 项目要求

本项目要求结合本章所学的知识，利用 Photoshop 软件设计一个农产品网店的移动端首页。该首页需包含店招、导航、首页焦点图、优惠券、活动展示五个主要模块。通过设计该首页页面，提高素材收集的能力，掌握网店首页的设计方法。

◎ 项目目的

本项目运用新媒体设计思维，根据提供的素材文件，制作一个农产品网店的移动端首页，图 7-26 所示即移动端首页视觉设计过程中可能用到的辅助素材，可在此基础上进行店铺首页风格的定位和扩展。

通过本项目，对新媒体广告设计的基本要素，如色彩、构图、文字等相关知识进行巩固，灵活运用本章所学的关于网店页面和首页视觉设计相关知识，掌握网店首页的构思与设计方法。

◎ 项目分析

网店首页视觉设计是网店形象的重要展示窗口，可以直接决定消费者对网店的关注度和停留时间，不同的网店类型的首页页面的设计风格也会不同。对于农产品

图 7-26　项目素材

类的网店来说，目标消费群体一般是中老年消费者，他们注重自然、健康，对商品的质量要求较高。因此，在设计网店首页的视觉效果时，应该突出商品品质，在保证视觉页面美观的前提下，通过展示商品质量增强消费者的购买兴趣，再通过优惠信息刺激消费者，最终促成交易。

本项目的农产品网店首页可分为店招、首页焦点图、优惠券、分类导航和活动展示五个部分。食品类网店多以暖色调为主，本项目选择棕色作为主色调烘托店铺氛围，吸引中老年消费者的视线；以黄色作为辅助色，与商品颜色和辅助设计素材相匹配，加强页面的整体关联性；将绿色、红色、黑色等颜色作为点缀色，丰富页面并凸显文案的重点信息。同时，还可以搭配一些植物装饰性元素丰富并活跃版面。图 7-27 所示为按照该思路设计的移动端首页设计效果。

图 7-27　农产品网店首页设计效果展示

◎ 项目思路

在进行网店首页设计时，需要先运用新媒体设计思维对网店进行分析（如消费人群调查、网店整体风格定位、商品图片拍摄制作、文案设计、字体设计、配色方案确定等），然后进行网店首页的整体设计，将整个项目思路串联起来，最终完成设计。

（1）确定首页整体风格。为了迎合目标消费者的审美喜好，本项目采用棕色作为主色，黄色作为辅助色，绿色、红色、黑色作为点缀色，以突出重要信息，整体风格稳重、大气。字体采用手写书法体、等线体、小标宋等，可以让消费者轻松地浏览。

（2）店招内容。本项目中的店招采用米色作为背景色，以棕色黑体字作为店招文字展开设计，还有网店名称、Logo、广告语、商品分类等信息。

（3）分类导航视觉设计。本项目中的分类导航模块是将网店中所有的商品按照一定的标准进行分类，这些分类可以作为导航内容的依据，帮助消费者快速找到符合他们需要的商品。在设计时，先以黑体文字进行简洁清晰的罗列，再进一步将网店中具有代表性的商品图片直观地展示出来，清晰地展示了网店的产品分类。

（4）首页焦点图视觉设计。本项目的首页焦点图以主打产品小米的实物图和产品名称展开设计，并运用一些装饰元素和文案打造焦点图的视觉吸引力，如"天然食品""买二送一""价格信息"等。

（5）优惠券视觉设计。本项目按页面布局设计了矩形和圆形两种优惠券，按优惠力度将矩形优惠券放在页面较为显眼的位置，将圆形放置主打产品下方，每张优惠券中标明了使用条件和面额，如"满减""爆款直降"；在设计时，使用浅红色作为优惠券主色，白色作为文字颜色，以突出显示数字信息；同时，添加黄色"点击领取"按钮作为点缀，增加页面效果。

（6）活动展示视觉设计。本项目主要以推荐商品的方式进行新品、热销商品视觉设计，所占用的版面较多，给消费者的视觉冲击力更强，其中分别设计了两个模块的推荐商品：第一模块为主打产品，第二模块为二级产品。每款商品都以醒目的商品图片、商品名称、商品卖点和商品价格作为主要展示内容；同时，为了区别不同的商品，其版式也有细微的调整，以减少消费者的视觉疲劳。

◎ **项目实施**

微课：项目实施

项目 2　农产品详情页设计

◎ **项目要求**

运用本章所学的知识，利用 Photoshop CC 设计一个农产品详情页，内容包括商品焦点图、商品卖点图、商品实拍展示图和商品参数图四个模块，并通过设计该详情页了解商品详情页的结构框架，掌握商品详情页的制作方法。

◎ **项目目的**

本项目是制作农产品移动端详情页。要求按照详情页的框架结构来进行布局，然后进行每个模块的视觉设计。图 7-28 所示为设计过程中需要用到的辅助素材，可在此基础上进行商品详情页风格的定位和扩展。

◎ **项目分析**

详情页是提高转化率的关键因素，好的商品详情页不但能激发消费者的消费欲望、树立消费者对店铺的信任感，还能打消消费者的消费疑虑，促使其购买。在设计商品详情页时，可根据"引起注意—唤起兴趣—激发欲望—加深记忆—决定购买"的逻辑结构进行详情页的设计。为了展示农产品特点，本项目在色彩的选择上主要采用黄色和绿色作为主色调；在结构划分上，本项目将其划分为商品焦点图、商品参数图、商品卖点图和商品实拍展示图四个部分，然后结合详情页的设计要点进行设计。图 7-29 所示为本项目的设计效果。

◎ **项目思路**

在进行商品详情页视觉设计前需要先根据商品的内容来确定详情页的主题风格定位，再针对商品详情页的各个部分进行设计。具体思路如下。

（1）确定详情页主题风格定位。本项目直接以农产品主体商品的颜色——黄色进行详情页主题风格的定位，体现与商品之间的关联；绿色作为辅助色用来丰富画面，调和整体色调。

（2）商品焦点图视觉设计。本项目以商品主形象图作为移动端详情页的首屏，选择木纹地板、窗口和绿叶等素材进行首屏场景的构建，然后将商品大图放在首屏的正中间，以突出商品，让消费者通

微课：农产品详情页设计

图 7-28　详情页参考素材

图 7-29　详情页效果

过视觉感受到商品的品质，最后在商品上方添加商品卖点描述文案，如"非转基因、软糯香"等。

（3）商品卖点图视觉设计。本项目以图文搭配的方式进行卖点图设计，通过局部放大的商品细节让消费者看到商品的质量，然后在商品上方以简明扼要的文案说明商品卖点，如"新疆产地、速鲜包装、新口味"等，并且搭配相应的图片进行展示。以不同底色将信息间隔开，提升消费者的阅读体验。

（4）商品实拍展示图视觉设计。将商品包装的实拍图片进行展示，让消费者看到实物，放心购买。

（5）商品参数设计。本项目通过清晰的文字进行商品信息的说明，包括产品信息、食用方法、温馨提示，从而让卖点和营销更具有文字参考依据。

◎ **项目实施**

微课：项目实施

◉ 思考与练习

（1）简述网店首页与详情页的设计要点。

（2）列举几个经典的网店首页与商品详情页案例，并分析其结构。

（3）根据图 7-30 提供的效果文件，制作移动端手机详情页，按照商品焦点图—商品卖点图—商品信息展示图—商品细节展示图的步骤依次进行制作。

图 7-30　详情页效果

第8章 H5广告设计与制作

学习引导

学习目标	知识目标	（1）了解 H5 基础知识； （2）了解 H5 广告的不同类型及特点； （3）了解制作 H5 广告的常用工具； （4）掌握 H5 广告设计要点
	能力目标	（1）能够熟练使用 MAKA 工具； （2）能够设计制作红包营销类 H5 广告
	素质目标	（1）培养创意思维、用户体验设计能力； （2）培养积累设计案例能力
实训项目	制作微信红包 H5 广告	

章前导读

　　H5 是指 HTML5 技术，是伴随着移动互联网兴起的一种新型广告工具，它改变了传统广告行业的局限性，最大限度地扩张了广告的传播力度；同时，手机的普及也扩大了 H5 的传播范围，使广告真正做到了无处不在。

8.1 ○ H5 概述

　　H5 是一种用于构建和呈现内容的技术标准，是 HTML 的第五个版本。它提供了许多新特性和功能，使网页开发变得更加丰富和具有交互性。H5 广泛应用于广告营销、移动端游戏、移动应用开发等领域。通过 H5，企业可以轻松打造各种商业模式，通过互联网平台吸引更多的消费者。

微课：H5 概述

8.1.1 H5 的概念

1. 广义上的 H5

　　广义上，H5 是指 HTML5，即网页使用的 HTML 代码——第五代超文本标记语言。"超文本"是指页面内包含图片、链接、音乐、程序等非文字元素，"标记"是指这些超文本必须由包含属性的开头与结尾标志标记。浏览器通过解码 HTML，就可以把网页内容显示出来。

　　在 H5 之前，网页的访问主要在计算机上进行，随着智能手机的迅速普及，互联网的访问已经从计算机逐渐转移到移动设备上，上网方式的变更推动了 H5 相关技术的发展。HTML5 相比以前的标准，增加了对移动设备、音视频、拖放、本地存储、画布等的支持，使网页可以更加丰富和互动。

2. 狭义上的 H5

狭义上，H5 是指互动形式的多媒体广告页面。H5 最显著的优势在于它的跨平台性，用 H5 搭建的站点与应用可以兼容 PC 端与移动端、安卓系统与 iOS 系统、Windows 系统与 Linux 系统。它可以轻易地被移植到各种不同的开放平台与应用平台上，打破了平台各自为政的局面。这种强大的兼容性可以显著降低站点与应用的开发与运营成本，让企业和创业者获得更多的发展机遇。

此外，H5 的本地存储特性也给用户带来了更多的便利性。基于 H5 开发的轻应用比本地 App 拥有更短的启动时间和更快的联网速度，而且无须下载，不占用存储空间，特别适合手机等移动媒体。H5 让开发者无须依赖第三方浏览器插件即可创建高级图形、版式、动画及过渡效果，这也能让用户用较少的流量就可以欣赏到炫酷的视觉与听觉效果。

本章所说的 H5 是指狭义上的 H5。图 8-1 所示为抖音电商 H5 广告。

图 8-1　抖音电商 H5 广告

8.1.2　H5 广告的类型

H5 的应用类型有多种多样，推广形式也不断推陈出新，最终呈现出展示型、全景 /VR 型、视频型、游戏型、测验型、场景型六种类型。

1. 展示型

展示型 H5 是常见的移动 H5 网页，因其交互形式简单、制作快捷，应用非常广泛。如邀请函、多媒体新闻、相册、动态海报等，用户可以通过点击、长按、翻页等操作体验。展示型 H5 常用于品牌宣传类广告。如图 8-2 所示，腾讯新闻以国庆旅游为话题推出了 H5 营销活动《我的千里江山图》，邀请用户分享自身的旅游经历，从而实现自身的品牌宣传。

图 8-2　展示型 H5

2. 全景 /VR 型

近年，全景 /VR 型 H5 应用已经成为行业流行趋势之一。用户可以借助手机的重力感应，滑动手机屏幕查看 720°或 360°的画面。这种互动让用户可以看到的视角更大，更有身临其境的体验。全景 /VR 型 H5 常用于产品介绍类广告。如图 8-3 所示，插画艺术家西子

图 8-3　全景 /VR 型 H5

推出 H5 线上画展《她》，邀请用户通过 VR 全景欣赏画作，感受艺术之美，还可以点击链接购买画作。

3. 视频型

视频型 H5 大多以全屏视频的形式存在，能够减少其他因素对用户的干扰，用户对 H5 的体验不会轻易被中断，而且用视频能够展现出一些 H5 实现不了的特效，结合音乐和音效使用户全身心沉浸。视频型 H5 常用于活动推广类广告。图 8-4 所示为腾讯公益的视频 H5 广告《跟着阿猫去流浪》，作品以猫的视角呈现，让用户体验一只流浪猫的生活，呼吁大家善待动物。

4. 游戏型

凭借 H5 网页强大的互动性，设计人员可以制作出各种网页游戏，吸引消费者进行互动，常见的游戏型 H5 有抽奖、好友互动、魔性闯关、答题测试等。可以根据营销目的，在特定的区域植入广告二维码或图片。游戏型 H5 常用于产品宣传和活动推广类广告。如图 8-5 所示，联合利华品牌宣传 H5 广告《U 家职场大作战》，通过互动问答让用户由竖屏改为横屏浏览，不仅让 H5 更为有趣，而且大幅提升了用户浏览视频过程中的注意力，从而对视频和漫画中的宣传信息产生更深的印象，提升营销宣传效果。

图 8-4　视频型 H5

图 8-5　游戏型 H5

5. 测验型

测验型 H5 的页面类似调查问卷，主要是选取目标消费者感兴趣的、具有悬念性的话题作为测试内容，让消费者通过选择问答进行互动。测验型 H5 因为互动性强，容易引起二次传播，比较适用于品牌信息的传播或营销活动类广告。如图 8-6 所示，网易新闻联合 AUTO LIVE 及雪佛龙共同出品的趣味测试类 H5《迷惑行为大赏》，测试题目包含了当下热门的网络用语、英文常用词及生活常识，最后落地到雪佛龙润滑油的宣传页上，以此展示雪佛龙的主要产品，提高品牌知名度。

6. 场景型

场景型即借助文字、画面和音乐等手段，通过互动的方式为消费者营造某种特定的场景，通过场景讲故事。可以通过分享好友的方式来让更多的消费者关注该 H5，并使其参与其中，让 H5 更具趣味性和代入感。如图 8-7 所示，山西省文旅厅发布了一款旅游互动 H5《晋彩缤纷，线上游园》，共分为四个场景展示山西春日之美，分别是"花开晋染""珍味晋有""芳华晋艺""匠心晋展"，用户可以点击画面中的场景进行线上旅游，了解山西的美景、美食、民俗风情和非遗文化。

图 8-6　测验型 H5　　　　　　　　　　　　图 8-7　场景型 H5

8.2　H5 广告的制作工具

微课：H5 广告的
制作工具

　　H5 是目前涵盖领域最广的一种传播媒介，还没有统一的标准工具，需要利用多种软件来搭配制作。设计师可以根据自身的情况来选择工具学习。

8.2.1　页面制作工具

　　页面制作工具如图 8-8 所示。

PS　　　　　AI　　　　　Sketch　　　Adobe After effects

CD4　　　Premiere Pro　　FINAL CUT　　Garage Band

图 8-8　H5 页面制作工具

1. 全能设计工具：Photoshop

　　Photoshop（简称 PS）是一个强大的综合应用软件，尤其是在 H5 领域，PS 可以称为万能工具，可用于制作画面、动效、剪辑视频、修改音乐。Photoshop 升级到 CC 之后，拥有了时间轴工具，不但可以完成矢量图像的绘制，还能够对视频和声音进行编辑，制作一定难度的动效和添加简单的特效命令。虽然 Photoshop 涵盖的功能与专业软件仍有差距，但基本可以满足设计 H5 的常规需求。因此，设计人员需要深入研究 Photoshop 的新功能，尤其是时间轴命令，有助于高效、快捷地完成设计任务。

2. 辅助设计工具：Illustrator、Sketch

　　Illustrator（AI）和 Sketch 是专业的矢量绘制软件，在 H5 的设计上起辅助作用，主要用于线框图的绘制和快速表现画面，弥补了 Photoshop 多图层操作的烦琐。AI 的使用能让文案字体更显优势，Sketch 主要应用于 UI 界面设计领域，它更适合用来设计手机的多种 UI 界面，同样对 H5 设计起到了很好的辅助作用，矢量工具可以依据个人习惯和专业背景进行选择。

3. 特效工具：Adobe After Effects、CINEMA 4D

Adobe After Effects 是一款用于动画、视觉效果和电影合成的 2.5D 动画软件，用于后期制作阶段，有数百种可用于处理图像的效果，可以将视频和图像层组合到同一场景中。CINEMA 4D 是一款德国开发的三维设计软件，简称 C4D，它具有极高的运算速度和强大的渲染插件，渲染效果逼近真实，还拥有世界上最为先进的毛发系统。相较于 Maya、3D Max 等三维软件，它上手速度快，还有很多内置模型，学习门槛降低了很多，非常适合新手。在视频方面，CINEMA 4D 与 After Effects 的配合使用相当频繁，经常用于电视栏目包装和产品包装。在平面方面，它也能和 Illustrator 配合做出很好的效果，经常用于制作电商广告或者平面广告。由于 H5 的媒介特性，它具有跨界的表现能力，After Effects、CINEMA 4D 可以制作出炫酷的画面，随后利用序列帧 / 视频导出画面并植入 H5，目前多数 H5 案例，都是利用这类软件来辅助设计的。另外，3D Max、Maya 等软件也可以辅助设计 3D 表现画面和制作动画。这类工具属于特殊 H5 所需要使用的，设计人员可根据情况选择。

4. 声画编辑辅助工具：Final Cut、Premiere、Garage Band 等

目前大多数 H5 对于声音和视频的要求不高，不仅可以利用 Photoshop 达到演示效果，还可以利用一些专业性更强的工具，如苹果用户推荐使用 Final Cut，学习成本相对较低；PC 用户推荐使用 Premiere，上手快，功能相对全面。Garage Band 是 MAC 音乐制作软件，不仅能够剪辑音频，还能进行更为深入的编辑。以上三款软件对于 H5 声画方面的修改和编辑，较为实用，且容易掌握。

8.2.2　设计生成工具

1. 定制化 H5 生成工具

定制化 H5 是通过前端程序员实现的，一般会用到 HTML5、CSS、JS 等相应语言，设计人员可简单了解。另外，还有一些专业的门户网站，有助于设计人员了解 HTML5 及这些标记语言的作用，从而更有利于发挥和创作，如图 8-9 所示。

图 8-9　H5 网站

（1）fff.cmiscm.com。由 FWA 搭建的 HTML5 相关动作效果库，设计人员可以通过这个网站了解 HTML5 可以实现的动态效果。

（2）W3school.com.cn。W3C 官方搭建的在线学习平台，可以通过该网站简单直观地了解 HTML5、CSS、JS 代码的基础知识。

2. 网站类 H5 生成工具

网站类 H5 生成工具主要以网站和 App 的形式出现，一般需要在线编辑，并且能够及时生成，不用通过前端工程师，设计人员可以自行完成各种操作，实用并且高效。但是不足之处在于，它们可实现的功能比较有限。这类工具主要分为模板类和功能类两类。

（1）模板类。例如易企秀、兔展、MAKA、初页等。这类工具上手很快，学习简单，可以快速高效地设计出一支 H5 广告，但功能有限，和 Photoshop 等工具搭配使用，也能做出具备专业性的作品，如图 8-10 所示。

图 8-10　H5 模板类网站

（2）功能类。国内主要工具网站有互动大师（iH5）、意派 360、木疙瘩，如图 8-11 所示。功能类 H5 生成工具拥有系统的操作界面，功能全面，能够做出近似于定制化的 H5 作品，并且工具在不断升级，可以做多种交互方式，未来发展潜力很大。没有程序员支持的设计人员，适合选择功能类 H5 工具。

图 8-11　H5 功能类网站

8.3　H5 广告的设计原则

在进行 H5 广告设计前需要先掌握 H5 广告设计的五个原则，即一致性原则、简洁性原则、条理性原则、可视化原则和切身性原则。

1. 一致性原则

在视觉设计上，H5 所有页面版式、文字字体、图片图形的颜色、风格、色调等要基本统一和协调；在表现形式上，H5 所有页面的文案表述方法、动效设置风格需一致；在气氛感染上，其声效设置与 H5 作品的文字基调、画面风格和叙事节奏等要保持一致。

2. 简洁性原则

如果在界面中展示大量内容，就会显得杂乱无章，降低用户继续浏览的兴趣。此时，设计人员可以对内容进行精选，先通过概括性的标题吸引用户，然后利用动态效果循序渐进地对内容进行展示，以帮助用户理解内容。

微课：H5 广告的
设计原则

3. 条理性原则

H5 广告由多个界面组成，需要按照一定的顺序进行展示，先介绍简单的内容，然后依次对复杂内容进行讲解，以免阻碍用户获取信息或增加用户接收信息的难度，尽量做到"一个界面只讲一件事"。因此，设计人员在进行设计前需要先对内容做整体的梳理，厘清主次关系。

4. 可视化原则

可视化原则是将枯燥乏味的文字信息、数据信息通过生动有趣的图片、图形、视频、动画等直观形态表达出来。对 H5 界面进行信息可视化处理，可以更加清晰、准确地传达信息，同时还可以增强界面的美观度和用户体验。可视化原则要求设计人员在进行设计时，要尽可能地选择直观、易于理解的形态表达信息，同时要注意保持视觉元素的简洁性和清晰度，避免对用户造成混淆和干扰。

5. 切身性原则

切身性原则是指在设计 H5 广告时要从用户的角度出发，充分考虑用户的需求和习惯，根据用户的反馈和数据分析进行设计和优化。切身性原则要求设计人员在进行设计时，要深入了解用户的需求和习惯，根据实际情况进行设计和优化，同时还要对用户反馈进行及时响应和处理，不断改进和提升用户体验。

8.4　H5 广告的设计流程

优秀的 H5 广告是创意、画面和技术的完美结合，能够迎合受众的喜好，引起受众的关注。H5 广告的设计流程一般包括前期准备、绘制 H5 原型图、设计 H5 界面、利用工具制作 H5、分享与发布五个阶段，如图 8-12 所示。

微课：H5 广告的设计流程

图 8-12　H5 广告设计流程

8.4.1　前期准备

在制作 H5 广告前，设计人员需做一些准备工作，包括了解需求、确定主题、收集素材。

1. 了解需求

H5 广告制作的第一步需要了解企业做设计的目的，每个项目追求的目的都不同。一般有推广新产品、促销活动、为网站引流、传播品牌形象等。从不同的需求挖掘目标背后的特点和优势，根据企业需求结合自身产品的优势和活动目的进行设计，并依此选择对应的 H5 展示形式，如图 8-13 所示。

2016 年暑期，故宫博物院联合腾讯推出了在京举办的大学生创新大赛 NEXT IDEA，设计 H5 的需求就是希望能够吸引更多的大学生参与。腾讯最后以"穿越故宫来看你"为主题，出品了一支带有调侃和穿越特征的古装说唱类 H5 广告。"让传统文化活起来！"的定位方向，以及整个 H5 的美术风格和叙述方式都考虑到了最初的项目诉求：用年轻化、通俗化、娱乐化的方式吸引低龄大学生关注传统文化。

2. 确定主题

H5 广告主题的确定要以创意为基础，结合企业品牌和产品，抓住热点，利用话题，有效吸引消费者的注意，从而促使消费者进行互动传播。图 8-14 所示为"五粮液"品牌推出的《灵魂测试》H5 广告，借用了端午节营销热点，以端午酒会作为主题，从而获取更多用户关注和参与，有效提升了 H5 营销效果。

图 8-13　了解需求　　　　　　　　　　图 8-14　确定主题

3. 收集素材

收集与活动相关的素材和资源，包括图片、视频、文案等，为后续设计提供素材支持，此外，整理素材和资源的过程中，也容易产生灵感，确定设计的风格和元素。

8.4.2　绘制 H5 原型图

H5 原型图（图 8-15）是指在进行 H5 广告设计之前，设计师或产品经理绘制的 H5 广告的草图或框架图。H5 原型图通常是一种简化的、中低保真度的可视化设计图，其目的是快速展示和验证 H5 活动的整体构思和设计理念。

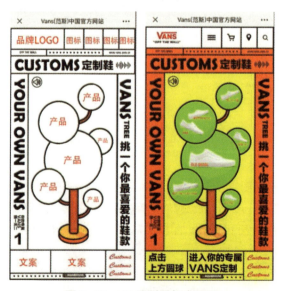

图 8-15　H5 原型图与成品图

　　H5 原型图分为手绘草图和计算机制图两种，早期可以使用手绘草图快速构建页面布局和交互元素，如果为了方便更新迭代，可以直接使用原型图设计工具制作 H5 原型图。H5 原型图是设计 H5 广告的重要环节，它不仅能帮助团队明确设计需求和开发方向，还可以提前预览和优化用户体验，产品经理和设计师必须充分重视 H5 原型图的设计。在绘制 H5 原型图时，需要确定活动目标、绘制草图、选择合适的原型工具，以提升绘制 H5 原型图的效率；此外，也可以尝试使用 H5 原型图模板加快设计速度。

　　H5 原型图包括以下内容：

　　（1）页面结构：展示 H5 活动的页面组成和布局，包括各个页面之间的关系和导航方式。

　　（2）功能交互：标明各个页面的交互方式，例如点击按钮后的反应、跳转链接、弹出窗口等。

　　（3）基本元素：简单绘制页面的基本元素，如文本框、按钮、图片、视频等。

　　（4）用户流程：标注用户在 H5 活动中的预期流程，从进入活动到完成目标的整个过程。

　　（5）简要说明：对于一些关键交互或特殊功能，可以进行简要的文字说明，以便团队成员理解设计意图。

8.4.3　设计 H5 界面

　　H5 界面的设计不是单纯的视觉表现，它综合了视觉、听觉、触觉等综合互动体验，主要通过对文字、图片、插画、色彩等语言的规划、编排和优化完成目标，创造良好的用户体验和实现产品功能传达。因此，H5 界面设计不仅是达到美观功能，而是结合产品特性对色彩、文字、图形、层次、空间等要素进行优化组合，在实现基本信息传递的同时，为用户创造最优体验，实现商业或公益目的。H5 界面的设计价值最终通过产品颜值、体验与功能三个方面来体现，三者相辅相成，缺一不可。一般情况下，设计人员可选择 Photoshop 软件进行 H5 界面设计。

8.4.4　利用工具制作 H5

　　初步界面完成后，设计人员可将 Photoshop 软件所制作的界面导入 H5 制作工具以交互的方式展现出来，让 H5 的视觉效果更加突出，也可以直接选择 H5 制作工具，如 MAKA、兔展、初页中的模板或素材，简单、快捷地制作出 H5。下面以 MAKA 制作工具为例进行简单介绍。

　　（1）选择模板。在 MAKA 制作工具中，可根据企业需求和项目目的选择模板。图 8-16 所示为 MAKA 网站推荐的邀请函模板。

图 8-16　MAKA H5 模板

　　（2）查看模板。单击模板预览图，即可查看该模板的视觉效果、动效、音乐等相关信息，如图 8-17 所示。

（3）编辑模板。单击使用模板，在编辑页面的工具栏中对模板进行图片、文本、场景、动效、音乐等内容的制作，如图 8-18 所示。

图 8-17 模板效果图   图 8-18 模板加工

8.4.5 分享与发布

完成编辑后，在制作工具中点击预览按钮查看 H5 最终完成效果，进行相应的调整和修改。确认无误后，H5 生成链接或二维码形式，再利用社交媒体平台进行推广，如分享或发布至微信朋友圈、微博等，进行 H5 的推广工作，消费者点击链接或扫描二维码即可查看 H5 的页面效果。

8.5 H5 广告的设计要点

微课：H5 广告的
设计要点

1. 优秀的文案

文案在营销中发挥着重要的作用，优秀的文案不仅能吸引消费者，还能精准抓住消费者的购买心理，促进商品销售。H5 页面的文案除可以运用商品卖点或优惠活动打动消费者外，还可以通过讲好故事，引发消费者的情感共鸣，推动内容的传播。一些传播快速的 H5 专题页还会在第一时间抓住热点，利用话题效应借机进行品牌宣传。

2. 合适的展现

设计 H5 页面时要考虑画面风格与文案内容的统一。例如，复古风格的页面使用的字体不能过于现代化；幽默的文案搭配的画面不能过于严肃；走情怀路线的内容，画面中的动效不能过于花哨。

3. 细节的处理

想要设计出出彩的 H5 页面，就需要注重细节的处理，如页面加载速度的控制、品牌 Logo 的添加、背景音乐的设置等。

4. 技术的运用

炫酷的技术能给受众带来非常新颖的视觉体验，随着技术的发展，如今的 H5 拥有众多出彩的特性，能轻松地实现全景 VR、3D 视图、重力感应、测试答案互动等效果。

5. 巧妙的创意

具有巧妙的创意是 H5 视觉设计必不可少的要点。设计人员可从内容形式、设计风格等方面把握 H5 的创意点，平时注意积累 H5 经典案例，分析其创意来源、文案构思及设计风格，吸收并运用其中的创意创新要点，日积月累，最后形成自己的独特风格。

知识扩展

　　H5 的版式一直在随着技术和方法的更新不断发生改变。设计人员应多思考用户的使用环境和受众的体验习惯，任何设计方法都会随着时间的推移而过时，但思考用户习惯并做出分析的意识永远不会过时。

项目实训

制作微信红包 H5 广告

微课：制作微信红包
H5 广告

◎ 项目要求

　　本项目要求运用本章所学的知识，先利用 Photoshop CC 软件设计微信红包 H5 广告，再运用专业的 H5 制作工具 MAKA 生成 H5 广告动效，要求 H5 广告简洁美观、互动操作简单方便，有良好的营销效果，能够快速吸引消费者。

◎ 项目目的

　　本项目根据素材文件制作微信红包活动 H5 广告。图 8-19 所示为设计过程中会用到的素材。通过本项目的制作，熟悉 H5 广告设计流程，并掌握 H5 视觉设计的基本方法，使广告达到营销目的。

◎ 项目分析

　　微信红包作为一种拥有高度参与度的推广方式，被越来越多的企业青睐。它不仅能够吸引用户的注意力，还能够带来很好的口碑效应。对于企业而言，使用微信红包作为促销手段，可以提高品牌知名度，能够很好地开拓市场，提高用户的参与性和互动性。本项目主要以促销活动为背景，消费者点开首页中的红包时就会出现"红包雨"形式的代金券，以营造活动氛围，增加消费者参与度，最终促成交易。图 8-20 所示为完成后的效果。

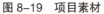

图 8-19　项目素材

图 8-20　海报页面效果

◎ 项目思路

　　本项目以 H5 视觉设计基本流程为基础，对促销活动 H5 的整个项目进行分析，从项目主题与内容分析到根据设计构思绘制 H5 原型图，最后设计与制作 H5。具体思路如下。

（1）项目主题与主要内容确定。在对项目进行简单分析后，可以将本项目的主题内容分为三个部分：第一部分通过红包元素展现活动的主题；第二部分展示具体的活动内容页面；第三部分以文案形式介绍活动方法。

（2）根据设计构思绘制 H5 原型图。本项目中 H5 的主要目的是营销，因此在色彩的选择上需要使用与促销相关的红色作为主色调，再搭配明亮的黄色，形成典型的促销型色彩搭配，使其与 H5 的主题相符合。H5 的风格统一为扁平化风格，简单明了，同时添加互动性的按钮，以提高用户体验度，最后搭配促销类型的音乐，营造出浓厚的活动氛围。按照此设计构思使用 Photoshop CC 绘制 H5 原型图，如图 8-21 所示。

（3）设计 H5 界面。运用 Photoshop CC 工具制作 H5 界面，进行素材的收集添加、文字排版、色彩的搭配，版式设计上选择常见的居中和上下排版方式，消费者可以在手机端方便地查看，正文字体选择黑体，能够清晰地呈现出页面文案内容。

（4）利用工具制作 H5。本项目主要使用 MAKA 工具制作 H5，为 H5 页面中的各个元素添加动效和音效，让 H5 更具视觉吸引力，并且能与消费者及时互动。

图 8-21　原型图

◎ **项目实施**

微课：项目实施

🎯 思考与练习

（1）简述 H5 广告的常见类型及特点。

（2）简述 H5 广告设计制作的基本流程。

（3）图 8-22 所示为 H5 经典案例，从广告创意、版式设计、文案设计、动效等方面进行解析。

图 8-22　H5 经典案例

（4）根据图 8-23 所示，运用 Photoshop 软件制作开学计划长图 H5 界面，再导入 MAKA 中制作 H5 广告动画。

图 8-23　H5 广告效果

第 9 章 微信广告设计与制作

章前导读

2022 年 1 月 9 日，官方微信公众号对外发布《年度微信数据报告》（以下简称《报告》）。《报告》显示：微信月活跃用户数达 12.9 亿人，比 2021 年同期增长 6%；月活跃用户数仍处于不断上涨中。这种规模的用户基数不仅代表了微信作为社交媒体平台的影响力，还代表了其作为商业广告平台的潜力。

9.1 微信概述

微信是一种广泛使用的即时通信应用程序，它提供了文字、语音、视频通话及社交网络功能，目前已经成为全球使用最广泛的移动通信应用之一。微信的功能丰富多样，包括支付、购物、新闻资讯、城市服务、企业微信等。此外，微信也是一个社交平台，用户可以在上面发布朋友圈，与朋友分享生活点滴。

微课：微信概述

9.1.1 微信的概念

微信是一种广泛使用的通信工具，由中国互联网巨头腾讯公司开发。微信不仅提供了基本的通信服务，如发送和接收消息、语音通话和视频通话，还提供了许多其他功能，如朋友圈、微信支付、小程序等。这些功能使微信成为一个综合性的生活服务平台。

微信的用户群体非常广泛，从年轻人到老年人，从城市居民到农村居民，几乎所有人都可以使用微信进行沟通和交流。微信的普及程度和影响力已经超过了其他通信工具，成为中国乃至全球最受欢迎的通信工具之一。

微信的概念可以概括为以下几个方面：

（1）通信工具。微信最基本的功能是提供通信服务，用户可以通过微信发送文字、语音、图片、视频等多种形式的消息，与好友进行即时通信。

（2）社交平台。微信通过朋友圈功能，为用户提供了一个分享生活点滴、了解好友动态的社交平台。用户可以在朋友圈发布文字、图片、视频等内容，与好友进行互动、点赞、评论等。

（3）支付工具。微信支付是微信的一项重要功能，它可以让用户方便地进行线上和线下的支付活动。用户可以通过微信支付购买商品、缴纳水电费、话费充值等。

（4）小程序平台。微信小程序是微信的一项创新功能，它可以让用户无须下载安装即可使用各种应用。这些小程序涵盖了生活服务的方方面面，如购物、出行、医疗、教育等。

（5）公众号平台。微信公众号是微信为企业和个人提供的一种新型业务服务。通过微信公众号，企业可以向用户推送消息、提供服务，个人可以建立个人品牌、分享专业知识等。

时至今日，微信已不仅是一款应用产品，它早已渗入人们生活的方方面面，成为一款覆盖率极高的移动即时通信软件。

9.1.2　微信的功能

微信的功能可分为五个模块，即即时通信模块、朋友圈模块、微信公众平台模块、微信支付模块和发现页模块。

1. 即时通信模块

微信的首要功能是提供即时通信服务。用户可以通过微信与其他用户进行即时联系，也可以加入群聊，与多个用户一起进行对话交流。

2. 朋友圈模块

朋友圈是指微信提供的好友之间的信息分享平台，用户可以通过朋友圈发表文字或图片，也可以将其他应用信息分享至朋友圈，还可以对朋友圈的信息进行"点赞"或"评论"，如图 9-1 所示。

3. 微信公众平台模块

微信公众平台最初是面向政府、媒体和企业等机构推出的合作推广业务，2012 年 8 月开始向所有用户开放，包括订阅号和服务号两类账号。其中，订阅号重在向用户传达资讯，能够发表账号作者的见解与观点；服务号主要为企业或组织提供业务办理和用户管理服务，实质为服务类平台，如图 9-2 所示。

4. 微信支付模块

微信支付是集成在微信客户端的支付功能，以绑定银行卡的快捷支付为基础，向用户提供安全、快捷、高效的支付服务。微信支持微信公众平台支付、App 支付、二维码扫描支付、刷卡支付等。

图 9-1 微信朋友圈   图 9-2 微信公众平台

5. 发现页模块

发现页模块是微信的功能延伸板块。在这个板块中，用户主要使用除朋友圈以外的以下八种功能。

（1）视频号。微信视频号是一个可以记录和创作的短视频平台，于 2020 年 1 月 21 日开启内测。微信视频号的内容以图片和视频为主，用户可发布长度不超过 1 分钟的视频，或者不超过 9 张的图片，并可带上文字和公众号文章链接，可直接在手机上发布，支持点赞、评论等互动方式，也可转发内容到朋友圈、聊天场景，如图 9-3 所示。

（2）扫一扫。微信扫一扫主要有三个用途：一是扫描其他用户互相添加好友；二是扫描物品，智能识别该物品的详细介绍、与该物品相关的咨询以及与该物品有关联的商品；三是扫描文字，进行中英文翻译。

（3）摇一摇。微信摇一摇是微信推出的一个随机交友应用，通过摇动手机或点击按钮模拟摇一摇，可以匹配到同一时段触发该功能的微信用户，从而增加用户间的互动和社交。

有些商家利用微信摇一摇推出了优惠活动，通过摇动手机或单击按钮，可以获取到打折、赠品等优惠信息。

（4）看一看。微信看一看用于浏览朋友推荐的文章和资讯，同时还可以发表自己的评论和分享。

（5）搜一搜。微信搜一搜是微信提供的搜索服务，通过搜索关键词，发现页模块可以快速提供相关的新闻、网页、公众号等信息，方便用户获取所需信息。

（6）直播和附近。该功能基于 LBS 技术，用户可以轻松找到附近的其他微信用户，增加社交互动的可能性。

（7）购物。购物功能可以让用户在微信内直接购买商品，非常方便快捷。

（8）小程序。小程序是一种便捷、高效的应用程序，它不需要下载和安装，可以直接在微信或其他平台上使用。小程序的应用场景非常广泛，涵盖生活中的各个方面。人们可以在小程序中查询天气、购买电影票、预约健身、订餐外卖等。同时，小程序还可以为企业提供定制化的解决方案，如在线商城、客户服务、内部管理等，帮助企业提高效率、降低成本。

如图 9-4 所示，顺丰快递的微信小程序"顺丰速运 +"，用户无须下载 App，直接在微信上即可完成快递业务。

图 9-3　微信视频号　　　　　　　　图 9-4　微信发现页功能

9.1.3　微信的营销价值

微信营销随微信的通用而兴起，不受营销距离的限制，微信个人用户可以通过微信订阅自己所需的信息，商家可以通过提供用户需要的信息推广产品，从而实现点对点营销，具有很高的营销价值。

1. 富媒体形式为营销创新提供了新的契机

在微信上，用户可以用文字、语音、图片、动画、视频、超链接等多种表现元素的富媒体形式进行传播。基于这样的特性，一些广告主和新媒体广告人员开发出 H5、短视频、长图等多种创新的广告形式，吸引了越来越多用户的关注、分享。

2. 改变了用户的使用习惯和生活方式

微信非常重视用户体验，也有意培养用户的使用习惯。微信通过"诱导"改变用户的使用习惯和生活方式，成为信息通信和生活服务入口，成为集支付购买、需求对接、反馈分享等功能为一体的一站式营销平台。

3. 社群营销可能性大

微信公众号、朋友圈、微信群的相互联通使微信具备了很强的社群属性。社群属性是指某一圈子里的用户具有相互关系，而这些用户之间可能在兴趣、审美、价值、行业等属性上具有相似性。根据这些特性，新媒体广告人员可以在突破单个用户后，逐一"俘获"其社交圈子内的其他用户，产生良好的广告转化效果。例如，微信公众号"虎课网"聚集了一批对技能学习、自我成长等信息感兴趣的用户，"山西省文化和旅游厅"吸引了旅游爱好者的关注，"阅读公社"吸引了热爱读书的用户，如图 9-5 所示。

图 9-5　微信公众号社群营销

4. LBS 技术（手机定位）的精准营销和场景营销

微信直播和附近、摇一摇等功能利用了 LBS 技术，即定位技术。基于这一技术，广告人员可将现实的营销场景复制到微信平台，便捷地识别、捕捉目标用户，并及时为用户提供定向服务，如图 9-6 所示。

图 9-6　LBS 技术精准营销

9.2　微信广告的类型与特点

9.2.1　微信广告的类型

微课：微信广告的
类型与特点

微信广告是基于微信生态体系，整合多重资源，结合用户社交、阅读和生活场景，利用专业数据算法打造的社交营销推广平台。微信广告的类型主要有公众号广告、朋友圈广告、社群广告、视频号广告、搜一搜广告和小程序广告。

1. 公众号广告

公众号广告包括官方微信公众号广告和公众号软文广告。此外，还有企业自营公众号广告。

（1）官方微信公众号广告。官方微信公众号广告是基于微信公众号生态体系，以文章内容的形式出现在公众号文章中，提供公众号关注、移动应用下载、卡券分发、品牌活动广告等多种官方推广形式，支持多维度组合定向投放，实现高效率转化。目前，关注用户数超过 500 人的微信公众号可以申请成为流量主，将公众号中的指定位置交给微信平台统一管理，供广告主投放广告，流量主依靠广告的点击率获得收入，广告主依据广告的点击量支付费用。公众号中广告投放的指定位置包括文章底部、文章中部、互选广告和视频贴片四个广告资源位，如图 9-7 所示。

| 文章底部 | 文章中部 | 互选广告 | 视频贴片 |

图 9-7　微信公众号视频贴片广告

（2）公众号软文广告。公众号软文广告是通过文字形式，向潜在的消费者和用户群体进行推广营销，广告表现形式较为隐晦，以具有针对性的心理技巧实现产品销售。如图 9-8 所示，微信公众号在其发布的文章末尾插入了软文广告。

图 9-8　微信公众号软文广告

（3）企业自营公众号广告。企业自营公众号广告是指广告主在自己运营的公众号上投放的广告，这类广告要想获得较好的广告投放效果，需要企业公众号本身具有一定的粉丝数量，如图 9-9 所示。

图 9-9　企业自营公众号广告

2. 朋友圈广告

朋友圈广告是以类似好友的原创内容形式在朋友圈中展示的广告。用户可以通过点赞、评论等方式互动，并依托社交关系链传播。官方朋友圈广告的投放范围面向广大微信用户，可依据广告主需求推送给特定用户。朋友圈广告的主要呈现方式包括图文和视频等，构成要素包括广告主头像和名称、外层文案、外层图片或视频、外层文字链接和用户互动界面，如图 9-10 所示。朋友圈广告的实质是信息流广告，主要根据社交群体属性针对用户喜好和特点进行智能推广。

图 9-10　微信朋友圈广告

3. 社群广告

社群广告是指依托微信好友，通过建立群聊将好友汇聚起来，在社群内发布的广告。社群广告能够达到一对多的传播效果，由于社群广告是面向微信好友或群内好友投放的，用户在接收社群广告时，可直接与广告发布者沟通，更容易产生信任感，也能够有力促进广告产品销售，如图 9-11 所示。

4. 视频号广告

视频号广告是利用视频号发布与产品、服务信息相关的视频广告，视频内容可以是纯粹的广告宣传，也可以在不违背视频主题思想的情况下插入广告内容，如图 9-12 所示。

图 9-11　微信社群广告

图 9-12　微信视频号广告

5. 搜一搜广告

搜一搜广告是基于目前的微信生态体系进行的一种在微信搜索结果页展示的广告。月活跃用户已超 7 亿，它一边连接着广大用户，另一边连接着微信生态内容，为用户提供一站式搜索及解决方案。微信搜一搜的使用入口主要有全局搜索、发现搜一搜、tag 搜索和指尖搜索四个。它几乎可以覆盖用户在微信端所有的搜索场景。可搜索的内容也比较广泛，既有简单的资源和需求搜索，也有表情类、直播类搜索，还有搜索服务能力的，如微信挂号、微信寄快递等，如图 9-13 所示。

图 9-13　搜一搜广告

6. 小程序广告

小程序广告可分为两类，一类是小程序植入广告，另一类是功能型小程序广告。

（1）小程序植入广告。小程序植入广告是指在一些小程序中植入产品或服务的广告，用户在使用小程序时，能够看到这些广告，如图 9-14 所示。

（2）功能型小程序广告。功能型小程序广告是企业开发的小程序，在提供服务的同时，可以起到宣传品牌的作用，如图 9-15 所示。

图 9-14　小程序植入广告　　　图 9-15　功能型小程序广告

9.2.2　微信广告的特点

1. 到达率高

微信广告的到达率高主要体现在以下三个方面。

（1）成本可控。对于广告主来说，微信是质高价优的广告投放平台。微信广告系统可以对广告投放进行智能整站营销，使广告精准触达高转化率用户，同时，将广告成本控制在广告主的预期范围之内，降低广告的投放门槛。

（2）智能投放。微信投放端支持查看广告投放后的用户画像，广告主可以在投放端的"数据报告"中查看广告投放后已经触达和转化的用户信息，了解广告的投放效果。多维度反馈、实时追踪、及时调整，让广告真正实现精准投放。

（3）形式隐蔽。公众号广告是将广告内容和媒体内容合二为一的广告形式，朋友圈广告是将广告信息打造成朋友圈动态的广告形式。微信广告的明显特征就是形式隐蔽，用户不容易察觉，在不经意间就会接收广告信息，在潜移默化中受到广告的影响。

2. 互动性强

微信广告的互动性强主要体现在以下三个方面。

（1）社交性强。微信广告依靠"关注"和"圈子"进行传播，具有较强的社交性。当用户关注公众号、浏览朋友圈，被推文和视频吸引时，会随手转发给朋友或者分享到朋友圈，广告也随之被多次传播。

（2）体验感强。微信广告是在相对封闭的社交环境中投放的，从对广告用户定位、广告设计到推广引流，整个过程中新媒体广告人员都在为用户营造一种熟悉、舒适的氛围，让用户有很强的体验感，并且做出购买行动。

（3）信任度高。微信广告有严格的审核过程，广告内容通常不会出现质量问题；微信公众号广告发布有时间限制，用户不会受到海量广告信息的困扰；同时，高互动性的广告也提升了用户信任度，建立信任关系，提高用户忠诚度和口碑传播效果。

3. 呈现度高

微信广告的呈现度高主要体现在以下两个方面。

（1）表现形式多样。微信广告包括图文广告、视频广告、基础式卡片广告、选择式卡片广告、与广告主互动广告等多种形式，能够满足不同广告主的需求。同时，微信广告还能够支持自定义广告样式，让广告主可以根据自己的需求进行个性化的广告设计。

（2）内容丰富多彩。微信广告内容一般由广告主信息、外层文案、图文视频、文字链接、用户互动等构成，公众号广告往往会与公众号内容相结合，广告内容会随之变得丰富多彩。

9.3 微信公众号设计与制作

微课：微信公众号
设计与制作

9.3.1 微信公众号的基本设置

1. 公众号名称设置

公众号名称是品牌第一印象，是用户识别公众号的重要标志之一，也是直接与公众号搜索相关联的关键部分，对公众号起着至关重要的作用。一个好的名称会给公众号带来更多的目标用户，提高点击率，提升营销效果。

微信公众号的名称设置要求有以下四点。

（1）简洁。简洁是指公众号要便于用户记忆和识别。在简洁的基础上，用户也可以进行一些个性化的优化，给消费者留下深刻的印象。

（2）便于搜索。很多消费者都会使用搜索公众号名称的方式添加公众号，如果公众号名称不能很好地反映公众号的主题或特点，那么就很难被用户添加。因此，在选择公众号名称时，要充分考虑公众号的定位和目标用户的需求，使用简单易记、具有辨识度的名称，让用户一看就能了解公众号的主题和特点，提高用户的搜索率和添加率，如图 9-16 所示。

图 9-16　简洁、便于搜索

（3）注明功能。注明功能是指公众号名称要与产品产生联系，如一个时尚类的公众号，可以叫作"时尚前沿""时尚笔记""时尚 Style"等，让消费者可以通过名称快速了解公众号的性质。图 9-17 所示为设计类公众号的简介。

图 9-17　注明功能

（4）统一。统一是指保证微信公众号的名称与其在其他媒体平台的名称相一致，特别是已经积累了一定影响力和知名度或有个人品牌的用户。一般来说，企业、媒体、名人、平台等都会采用完全统一的命名方式。图 9-18 所示为名创优品

图 9-18　不同平台上的相同名称

在微博和微信公众号上的名称。

2. 公众号头像设置

头像是微信公众号的视觉标志，代表了公众号的个性和风格，展现了公众号的品牌形象，同时还能方便消费者对公众号进行认知和识别。公众号头像主要有 Logo 头像、文字头像、卡通头像、知名角色头像、个人照片头像五种表现形式。

（1）Logo 头像。Logo 一般是指品牌标志，拥有品牌的企业或个人可将 Logo 作为公众号头像，如图 9-19 所示为"李宁""小米""华为"等品牌的微信公众号，它们均使用了自己的品牌 Logo 作为头像。

图 9-19　Logo 头像

（2）文字头像。中文、字母、数字组合都是比较常见的头像样式，如图 9-20 所示。

图 9-20　文字头像

（3）卡通头像。很多自媒体、创意公司、行业名人甚至政府、学校等官方组织，都会为自己设计一个专属的卡通头像，这类头像通常具有极高的辨识度，如图 9-21 所示。

图 9-21　卡通头像

（4）知名角色头像。知名角色头像是指使用影视、动画、历史中的著名人物作为头像，具有知名度和辨识度，容易引起消费者的注意，也能更好地表达公众号的定位，如图 9-22 所示。

图 9-22　知名角色头像

（5）个人照片头像。很多自媒体、明星、名人等都会将自己的照片作为公众号头像，可以更好地与粉丝建立联系，提高知名度和影响力，如图 9-23 所示。

图 9-23　个人照片头像

3. 公众号二维码设置

微信公众号都有专属的二维码，用户可以通过二维码进行分享和推广。微信公众号平台提供了二维码尺寸设置和下载功能，用户可以根据自己的推广需要，设置尺寸合适的二维码，还可对二维码图片的效果进行美化。二维码的设计可以结合品牌特色，使其更具个性化，如教育类公众号的二维码可以设计一些学习类图标，娱乐类公众号的二维码可以设计一些搞笑元素等，如图 9-24 所示。

图 9-24　个性化二维码

9.3.2　微信公众号的设计要点

微信公众号的设计要点包括排版布局、色彩搭配和内容呈现等。通过合理运用这些要点，能够提升用户的留存率，提升品牌形象和影响力。

1. 排版布局

排版布局是指在微信公众号页面中各个元素的摆放位置和大小关系，合理的排版布局能够让用户更容易获取信息，提升用户体验。微信公众号排版，首先要保持页面的整洁和简单，避免过多的元素堆砌。其次，合理运用对齐、间距和边距，划分不同的内容模块，提升信息的可读性。最后，注意标题和正文的分割，使用合适的字号和字体以及加粗、倾斜等方式突出重点内容。

2. 色彩搭配

色彩是设计中非常重要的元素，能够直接影响用户的感知和情绪。在微信公众号模板设计中，合理色彩搭配能够增加设计的美感，提升用户的留存率。一般来说，使用两到三种主色调进行搭配比较合理，过多的色彩会让页面显得混乱。另外，根据不同的主题和行业，选择正确的色彩。例如，科技类公众号应选择蓝色、灰色等冷色调，给人一种专业、权威、信任的感觉；美食类公众号可以选择橙色、黄色等暖色调，能够吸引人们的眼球，烘托食物的视觉和口感。

3. 内容呈现

除了外观设计，内容呈现也是微信公众号模板设计的重要因素。内容设计首先要注意文字的排版和字号的选择，保持简洁明了，避免出现长篇大论和密集的字句。其次，在选择图片和视频时，要确保其清晰度和关联性，不要过于花哨或与主题无关。另外，合理运用标题、列表等方式可以帮助用户更好地浏览和理解内容。最后，要注意内容的更新和定期维护，保持信息的新鲜和时效性，吸引用户持续关注。

9.3.3 微信公众号的设计流程

1. 分析消费者需求

分析消费者需求，首先要从消费者的角度出发，了解他们关注公众号的目的是获取有用的信息，了解最新的产品和服务，或寻找娱乐和消遣，以便提供定向的内容和服务。公众号只有满足了消费者的某种需求，才能做到持续吸引，设计人员可根据不同的消费者需求来设计出相应的风格、特色和服务。

消费者需求一般可分为内容需求、消费需求和服务需求三种类型。

（1）内容需求。消费者关注公众号的目的是获取有价值的内容，因此公众号的视觉设计至关重要。视觉设计应以优质内容为依托，以吸引消费者的注意力，提升他们的阅读体验。不同的内容需要不同的视觉效果来呈现，以确保信息的传达和消费者的满意度。

公众号的视觉设计要突出内容的重要性和吸引力。通过精心选择的配色方案、清晰的排版和吸引人的图片，可以有效地吸引读者的眼球，让他们对内容产生兴趣。此外，视觉设计应与内容的风格和主题相匹配，以确保整体的一致性和专业性。不同类型的内容需要不同的视觉效果呈现。例如，新闻类的内容可以采用简洁明了的排版和醒目的标题，以突出信息的重要性；教育类的内容可以运用图表、导图来解释概念和知识点，以提升可理解性和记忆性。因此，视觉设计师需要根据不同类型的内容特点，灵活运用各种设计元素，以最大限度地展现内容的吸引力。如图9-25所示，左图为文字版专业知识内容，因此其页面视觉设计重于内容的可读性和易

图9-25 内容需求

读性。采用左对齐的排版方式，文字按层级设置字体、粗细、大小和间距，结构清晰、层次分明。右图为休闲娱乐内容，该内容依据文章的写作风格添加了表情包引起消费者共鸣，让消费者对下文有一个清晰、形象的认识。文字采用居中排版，长短不一，富有节奏感，整体设计重点突出、通俗易懂。

（2）消费需求。当消费者对某个品牌或商品感兴趣时，就会关注该品牌或商品的微信公众号，主动寻找心仪的商品并产生消费欲望。对于此类消费者来说，品牌和商品才是他们关注的重点，因此，面对此类消费者的微信公众号，其视觉设计应该突出商品及所属品牌的展示，同时要方便消费者快速购买。图9-26所示为满足消费者消费需求的公众号页面。由于该商品是秋冬新品推荐，因

此页面的整体色调采用了秋冬季的代表色，也与品牌的轻奢调性相符合。版式上采用上文下图的结构，让消费者加深对商品的了解，巩固品牌印象。页面底端添加购买链接，便于消费者经过充分浏览、选择后，再进行购买。

（3）服务需求。企业开通的微信服务号定位于满足消费者的服务需求，因此对其视觉设计的要求并不会太高，只需要逻辑清晰、简单易读、易于操作即可。图 9-27 所示为官方报社和自来水服务公司的微信公众号页面。

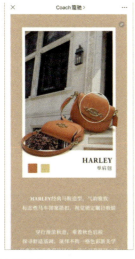

图 9-26　消费需求　　　　　　　　　　图 9-27　服务需求

2. 分析同行业竞争对手

分析同行业竞争对手是为了了解同行的营销策略、设计风格、展示创意等，进而对自身的设计进行完善。在分析竞争对手时，设计人员可以通过市场调查、后台数据分析，查看本行业排名靠前的同类型微信公众号是如何进行设计的，可以从文案、创意、版式、色彩等方面寻找品牌差异化，做到合理分析、直击痛点。

3. 确定设计风格

公众号的风格与公众号的定位、内容相关，以故事、话题、观点为内容的微信公众号，在设计上要注重文字的编排、图文关系，页面整体表现出逻辑性强、层次感丰富的效果，使消费者在轻松、愉悦的阅读体验中接收微信公众号所传达的信息。以销售为目的的微信公众号在设计上要以图片展示为主，突出商品卖点，搭配少而精的文字信息，价格或折扣信息要明确，以快速吸引消费者注意。

4. 完成设计草案

当设计人员着手设计草案时，需要考虑根据先前确定的消费者需求确定关键词。例如，年轻消费者通常喜欢娱乐内容，因此他们的关键词可能包括音乐、电影、明星、时尚、美容、旅行等。对于年长消费者，他们的关键词可能更加注重实用性，如健康、养生、家庭、教育、理财等。此外，根据产品或服务的性质，关键词也可能会有所不同。例如，对于一款手机应用，关键词可能包括便捷、易用、高效、安全等。因此，设计人员在确定关键词时需要充分考虑目标消费者的需求和特点，以确保设计出的草案能够吸引目标消费者的关注和兴趣。同时，设计人员还需要根据产品或服务的性质确定关键词，以确保设计出的草案能够准确地传达产品或服务的优势和特点。

9.3.4　微信公众号的视觉设计

要打造出一个符合消费者审美的高质量、高水平微信公众号，除需要优质的内容外，其美观的视觉设计也是必不可少的。

1. 公众号封面设计

公众号封面效果会直接影响消费者的页面点击率，影响消费者进一步阅读。设计人员在设计封面时要使用与推送内容或与商品相关的图片，如果推送内容分为不同系列，还可以为每个系列设计对应风格的图片，并适当地添加文字，便于消费者更好地理解文章内容。无论采取哪种设计方式，风格都应该一致，保持公众号的统一性。另外需注意，公众号封面一级图尺寸不超过 900 像素 ×500 像素，封面二级图尺寸不超过 200 像素 ×200 像素，文件大小为 5 M 以内，如果图片尺寸不符合要求，将无法进行上传，如图 9-28 所示。

图 9-28　微信公众号封面

2. 公众号 Banner 设计

Banner 是公众号头部的引导图，位于文章的顶端。Banner 的内容包括 Logo、公众号名称、标语等，除此之外也有与推文相关的广告或内容。这些内容既可以是动态的，也可以是静态的。动态的内容一般是比较简单的 GIF 图片，有日历式、卡片式等形式，主要目的是加深消费者对公众号的印象，为增强粉丝黏性打下基础，或者加强 Banner 与整篇文章的关联性。统一、固定的 Banner 设计可以让公众号的排版更加美观。图 9-29 所示为两个设计类公众号的固定 Banner。

3. 公众号广告设计

微信公众号可以根据粉丝数量选择一些合适的商品广告进行推广。这种广告在当前微信公众号的变现方式中非常常用且有效。尤其是对于电商、营销类公众号来说，公众号广告不仅可以让其获得更高的知名度，提高传播量，还能够针对不同的消费者群体展示广告信息，使广告更有针对性，如图 9-30 所示。

图 9-29　公众号 Banner　　　　　　　　图 9-30　公众号广告

4. 公众号推荐设计

很多微信公众号会在文章结尾处对本公众号往期的文章进行推荐，其目的是增加新粉丝对微信公众号往期内容的阅读。因此，设计人员在排版时多会利用超链接或小程序，将往期内容制作为小卡片放置在文章末尾，以供消费者点击阅读，如图 9-31 所示。

图 9-31　公众号推荐阅读

5. 公众号求关注设计

微信公众号文章一般会在结尾部分设计一个求关注板块，以提醒和吸引更多潜在消费者的扫码关注。该板块在内容的设置上一般是一个静态的二维码加上公众号的名称、口号等，也有添加链接进入公众号后进行关注，如图 9-32 所示。

图 9-32　公众号求关注

知识扩展

　　好的排版会让公众号内容锦上添花，为用户塑造良好的阅读体验，优质的个性化排版风格，甚至能够形成独特的 IP 记忆，成为公众号品牌的一部分。设计人员可以合理使用一些排版工具，节省排版时间，提高设计效率，如 135 编辑器、秀米编辑器等。

项目实训

美食类微信公众号设计

微课：制作美食类
微信公众号设计

◎ 项目要求

　　本项目要求运用本章所学的知识分析微信公众号各板块的设计要点，在进行微信公众号制作时做到主题突出、布局合理、风格统一。

◎ 项目目的

　　通过本项目的分析巩固微信公众号页面的设计流程及各板块页面的内容等相关知识，掌握微信公众号页面设计的方法。

◎ 项目分析

　　"井食记"微信公众号主要是针对热爱市井生活的群体做一些美食图文分享，标语是"享受美味，追求平淡生活"，内容的定位主要是美食攻略、菜谱教程。为了凸显公众号的特点，本项目公众号在色彩上采用了舒适的绿色和白色作为主色调；在内容呈现上，本项目主要制作了公众号封面图、公众号 Banner 图、公众号广告图、公众号推荐图和公众号求关注图五个部分，再结合设计思路进行制作。图 9-33 所示为本项目的设计效果。

图 9-33　公众号页面效果

◎ **项目思路**

本项目内容为设计"井食记"微信公众号页面，主要从明确消费者需求、分析同行竞争对手、确定设计风格、完成设计草案四个方面进行思考，最终完成设计。具体思路如下。

（1）明确消费者需求。"井食记"微信公众号是一个以推荐和制作美食为主的微信公众号，该微信公众号所面对的用户需求为内容需求，因此其视觉设计应以优质内容为主，有精美的图片和详细的制作步骤，每一道菜品都有一定的背景介绍，让人们更深入地了解美食的文化内涵。

（2）分析同行竞争对手。通过新榜搜索，发现"井食记"微信公众号的竞争对手主要有"日食记""美食工坊"。图 9-34 所示分别为两个微信公众号的展示头像与功能介绍。

（3）确定设计风格。本项目中"井食记"是一个关注美食和市井生活的微信公众号，适合亲民、朴实的设计风格，设计人员在图片制作和使用设计素材时应贴近生活，提升用户亲和度。

（4）完成设计草案。根据前面所总结的项目分析与项目思路，运用收集的素材来完成"井食记"微信公众号页面的设计草案。

图 9-34　同行竞争对手

◎ **项目实施**

微课：项目实施

🎯 **思考与练习** ·· ◎

（1）简述微信广告的类型和特点。

（2）你会被什么样的微信公众号吸引？从排版布局、色彩搭配、内容呈现分析其设计优点。

（3）制作旅游类微信公众号的页面，内容包括公众号封面图、公众号 Banner 图、公众号广告图、公众号推荐图和公众号求关注图五个部分，效果如图 9-35 所示。

图 9-35　旅游公众号效果图

参考文献

［1］匡文波．"新媒体"概念辨析［J］.国际新闻界，2008（6）：68-71.

［2］杨少宸．垂直化电商导购网站服饰类用户界面视觉设计研究［D］.上海：东华大学，2016.

［3］宋安琪．新媒体广告传播研究［D］.哈尔滨：哈尔滨师范大学，2016.

［4］矫荣波．新媒体时代电商广告的视觉设计研究［J］.明日风尚，2016（6）：112.

［5］矫荣波．新媒体时代电商广告的形式与特点探究［J］.戏剧之家，2016（15）：278.

［6］王艺．广告学［M］.广州：暨南大学出版社，2010.

［7］王松，王洁，蔡妤荻．新媒体概论：理论与应用［M］.西安：西安电子科技大学出版社，2022.

［8］高丽华，赵妍妍，王国胜．新媒体广告［M］.北京：北京交通大学出版社，2011.

［9］李浩明．网络广告制作精选案例［M］.重庆：重庆大学出版社，2019.